发电企业
精益管理体系构建与案例选编
下册

《发电企业精益管理体系构建与案例选编》编委会 著

SPM
南方传媒
广东经济出版社
·广州·

图书在版编目（CIP）数据

发电企业精益管理体系构建与案例选编：上下册 /《发电企业精益管理体系构建与案例选编》编委会著. —广州：广东经济出版社，2022. 5
ISBN 978 -7 -5454 -8001 -6

Ⅰ. ①发…　Ⅱ. ①发…　Ⅲ. ①发电厂—工业企业管理—案例—汇编—中国　Ⅳ. ①F426. 61

中国版本图书馆 CIP 数据核字（2021）第 211637 号

责任编辑：毛一飞
责任校对：刘紫娟
责任技编：陆俊帆
封面设计：吴东贤

发电企业精益管理体系构建与案例选编：上下册
FADIAN QIYE JINGYI GUANLI TIXI GOUJIAN YU ANLI XUANBIAN：SHANGXIA CE

出 版 人	李　鹏
出版发行	广东经济出版社（广州市环市东路水荫路 11 号 11 ～ 12 楼）
经　　销	全国新华书店
印　　刷	广州市友盛彩印有限公司 （广州市增城区新塘镇太平洋工业区 113 号厂房 A2 一楼 C 区）
开　　本	787 毫米 ×1092 毫米　1/16
印　　张	28. 5
字　　数	469 千字
版　　次	2022 年 5 月第 1 版
印　　次	2022 年 5 月第 1 次
书　　号	ISBN 978 -7 -5454 -8001 -6
定　　价	98. 00 元（上下册）

图书营销中心地址：广州市环市东路水荫路 11 号 11 楼
电话：（020）87393830　邮政编码：510075
如发现印装质量问题，影响阅读，请与本社联系
广东经济出版社常年法律顾问：胡志海律师

目录

上　册

第三部分 精益管理实践优秀案例展示

下　册

物料物资篇

物料物资成本在发电企业的生产成本中占有重要地位，是企业管理的重点对象之一。发电企业多年来一直在不断探索如何提升物料物资管理水平，降低生产经营成本，创造更大的经济效益。

在物料物资管理方面，福建公司改变原有弊端，引入精益管理理念，运用精益管理工具，创新管理体制，同时加强市场研判，科学调整库存，优化物料物资采购渠道和结构，实现降低采购成本和提升燃料管理水平。同时寻找精益管理切入点，规范物料物资计划、采购、使用、仓储等流程，建立信息化管理模式，既能有效保证采购的物料物资的产品质量，又能很好地控制物料物资的采购成本。通过不断优化库存定额，减少库存积压，降低损耗，提高管理效率。

将精益管理的理念和方法应用于物料物资管理，可以准确判断出问题的关键点，再经过原因分析和持续改善实现物料物资精益管理的标准化和规范化。

第一章　发电企业物料物资管理概述

本章旨在阐述发电企业物料物资管理的现状、要求和价值，供读者了解发电企业物料物资管理的内容、流程、作用及意义。

第一节　发电企业物料物资管理现状

发电企业物料物资管理包含燃料物资管理和物料物资管理两大内容。

燃料物资管理是指燃料采购全过程管理，包括燃料采购计划管理、燃料采购价格管理、燃料采购合同管理、供应商管理、燃料调运管理、燃料采购商务纠纷处理管理、燃料结算管理、燃料接卸管理以及仓储管理等；从填报电煤需求、分析市场、制订采购策略和采购计划，到组织燃料采购、签订合同、执行计划、调运、结算管理等，做到事前有标准，费用有预算，事中风险管控，过程动态监督，事后经济活动分析，保障燃料稳定供应，降低燃料采购成本，高效、低成本运行，控制经营风险，提高公司经营效益。做好燃料物资管理对保障发电企业经济效益和安全生产起着至关重要的作用。

物料物资管理负责公司管理范围内采购工作的具体实施，归口物资管理，接受需求部门物资、设备等采购计划并汇总，编辑、评审采购文件，发布采购信息，采购组会审或采购结果确认，签订合同、通知供货、到货验收、出入库、仓储保管和采购文件存档保管等工作；物资管理是企业生产管理、预算管理、财务管理、合同管理的重要环节，物资管理工作的好坏，不仅会影响企业的生产运行、检修、技改和维护工作能否顺利进行，还会直接影响企业的经济效益。

近年来，我国经济体制的改革与发展以及发电企业的转型升级，国际国内市场的巨大变化，都对发电企业加快转型，构建新型的、更加规范的、高效的燃料物资管理和物料物资管理提出了更高的要求。

一、发电企业燃料物资管理的内容以及现状

（一）燃料物资管理的内容

（1）综合管理：燃料管理体系建设、规章制度及技术标准编制、资料及档案管理、从业人员管理、燃料监督、安全管理等。

（2）电煤采购管理：电煤需求计划及预算管理（市场分析及预测、年度需求计划编制、年度预算编制、预算执行分析、电煤订货）、月度采购计划管理（月度协调机制、月度市场分析、月度采购计划编制、月度采购分析评价）、合同管理（价格管理、合同文本、合同洽谈签订、合同录入及管理）、供应商管理、调运管理（调运信息管理、监质监装、船期跟踪、运输协调）、结算与商务纠纷管理（结算管理、索赔及商务纠纷处理）。

（二）燃料物资管理的现状

（1）市场和政策影响采购结构；

（2）装、卸两港装卸时间不可控；

（3）储运堆场接卸不稳定；

（4）电量变化与实际采购存在偏差。

二、发电企业物料物资管理的内容以及现状

（一）物料物资管理的内容

1. 合同管理方面

（1）对合同相对方主体的资格和履约能力审查不严，无履约担保；

（2）合同签约流程不规范、依据不充分、条款不够规范、用词不严谨、内容完整性欠缺；

（3）履约进度和合同风险防控不到位。

2. 仓储管理方面

（1）仓储模式和结构不完善，物资储备不合理，占用库存资金；

（2）到货流程不规范，验收入库不及时，质量验收把关不严；

（3）仓库布局混乱，摆放不整齐，保管、保养不到位，部分物资过期等；

（4）未定期盘点，处理积压、呆滞物资不及时，造成库存资金占用；

（5）发料把关不到位，错发物资和优材劣用；

（6）治安和消防管理不强，存在失盗事件与火灾隐患。

3. 使用管理方面

（1）物料使用随意，容易造成浪费；

（2）物料使用工艺不当，导致物料失去使用价值；

（3）物料使用部位、规格型号、数量登记不完整，物资台账资料不全。

4. 供应及时性、可靠性方面

（1）供应物资质量和及时性无法保证，严重影响发电企业安全生产；

（2）受到地理条件的影响，发电企业物资供应存在多种不确定因素；

（3）需求计划采购工作的前瞻性不够，影响现场生产安全；

（4）备品、备件储备不科学、不合理，大量增加应急采购；

（5）对特殊性物资考虑不周，造成库存积压；

（6）物资供求不平衡，造成成本增加。

（二）物料物资管理的现状

1. 物料物资计划管理的现状

（1）物资采购计划滞后、不及时；

（2）物资采购计划前瞻性不足；

（3）物资紧急采购计划单多。

2. 物料物资采购管理的现状

（1）物资名称、规格、型号、数量等采购要素不规范、不准确，同一型号物资可能形成多个物资编码，造成重复采购，容易积压库存；

（2）采购需求分析不到位，采购模式不正确，零散采购批次多，工作效率低，物资采购成本增加；

（3）采购信息发布时间不充裕，潜在供应商不能及时参与招标，造成招标或比价竞争不充分，采购价格虚高；

（4）对供应商的资质和业绩要求过高，评审过程不够科学，选商结果不合理，选定的供应商履约能力不强；

（5）对市场行情了解不够，物资采购价格合理性不充分。

第二节　发电企业物料物资精益管理要求

物料物资管理是发电企业生产管理与经营管理的重要环节，物料物资管理工作的水平，不仅影响发电企业的生产运行、检修管理、燃运管理、技改工作和维护工作的稳定，还直接影响企业的经济效益。因此，利用精益管理的思维和工具，开展发电企业物料物资精益管理工作，对提升发电企业物料物资管理水平，减少不必要的库存，提高工作效率，降本增效非常重要。

发电企业物料物资管理的要求主要体现在以下几方面。

一、燃料物资管理方面

（一）燃料全过程环节

（1）建立燃料管理体系和相应的管理制度，对燃料采购的计划、合同、调运、结算等环节实行全过程制度化管理。

（2）设立专门的燃料管理职能部门，建立合理、有效的约束机制和监督机制。

（3）加强市场分析，准确判断市场行情，优化采购结构，确定采购策略，降低采购成本。根据发电计划、机组运行方式和设备情况准确预计所需用煤量和煤质。

（4）做好煤炭调运管理工作，降低电煤物流成本。

（5）制定煤炭供应应急预案，确保电煤正常供应。

（6）加强对标管理，按照“同区域、同流向、同类型”原则选择本地区管理先进的对标单位进行入厂煤价对标；对对标差距进行详细分析并制定相应措施，使对标管理工作取得实质性成效。

（二）燃料接卸环节

（1）接卸能力与来煤方式匹配，并达到电厂满负荷生产耗煤量的1.5倍以上；

（2）接卸设备、设施配置齐全，维护良好，满足正常接卸需要；

（3）准确掌握发运信息，及时接卸。

（三）燃料存储环节

（1）合理控制库存，提高存煤周转率，严格执行“燃旧存新”；

（2）严格执行煤场测温制度，批次煤用完后及时整场、清底。

二、物料物资管理方面

（一）物资计划环节

（1）需求部门（专业）依据设备生产周期，有针对性地做好物资采购计划，申报、审批要有提前性和前瞻性，确保在供货周期内及时到货；

（2）需求部门（专业）加强设备周期性和寿命管理，做好物资采购计划管控，减少或尽量避免发生紧急采购情况。

（二）物资采购环节

（1）提高物资申报准确性，防止采购计划不准确造成物资供应不及时或库存积压；

（2）优化采购模式和流程，充分发挥年度采购优势，合理组织询价、比价或集中采购，降低物资采购成本；

（3）严格审查供应商资质、能力和业绩，精心组织选商评审，确保评审过程科学、选商结果合理，确保选定的供应商具备完全履约能力；

（4）利用华电电子商务采购平台发布采购信息，保证留有充裕的信息发布时间，使潜在供应商能及时获取采购需求信息，确保招标或比价竞争充分，避免物资采购价格虚高；

（5）充分发挥华电商城优势，能够在华电商城上采购的必须在该商城采购；

（6）主动了解、掌握物资市场行情，确保物资采购价格合理。

（三）合同环节

（1）规范合同相对方主体的资格和履约能力审查把关，确定合理担保措施；

（2）优化合同签约流程，确保合同依据充分、条款规范、用词严谨、内容完整；

（3）强化履约过程跟踪，有效控制履约进度，提升合同风险防范管理能力。

（四）仓储环节

（1）结合生产侧现场实际，科学、合理储备，加强年度采购合同管理，利用供货商适量储备，优化储备结构和模式，减少库存资金占用；

（2）优化物资到货流程，及时组织入库验收，把好质量、数量验收关，做到入库物资质量优良、数量相符；

（3）合理规划仓库布局，保证物资摆放整齐，精心组织保管和保养，保持物资使用价值；

（4）定期组织盘点清查，加强管理，按规定及时处理积压、呆滞物资，推进平衡利库和节约使用，加速库存资金周转；

（5）严格审查发料依据，杜绝错发物资和优材劣用，部分执行“以旧换新”；

（6）不断提升仓库治安和消防管理水平，消除失盗事件与火灾隐患。

（五）使用环节

（1）结合生产实际，加强监督，严把物料使用审核关，避免浪费；

（2）规范物料使用工艺，杜绝使用工艺不当导致物料失去使用价值；

（3）加强物料使用部位、规格型号、数量登记等管理，完善物资台账资料，以备资料共享和参考使用。

（六）供应环节

（1）提升计划采购工作的前瞻性，在保质保量的前提下，确保供货及时性，保障现场安全生产需求；

（2）加强采购过程管理和到货跟踪，确保到货有效性，降低地理因素的影响；

（3）适当、科学和合理地储备耗材物资，有效缓解应急采购压力；

（4）充分考虑物资特殊性，及时降低库存积压物资占比；

（5）做到物资供求平衡，有效解决供货问题，实现降本增效。

随着电力体制不断改革，发电企业转型发展刻不容缓，发电企业面临的内外形势愈加严峻，开展物料物资精益管理，能够提升发电企业的核心竞争力，优化和规范物料物资管理流程，提升备品、备件管理水平；能够降低物料物资采购成本，减少库存资金占用，促进流动资金的周转加速，进一步降低发电企业的生产成本，为发电企业提质增效夯实基础。

第三节 发电企业物料物资精益管理价值

发电企业物料物资管理复杂多变，内外因素对其影响巨大，又因其是企业生产管理和经营管理的重要环节，故其管理的好坏会直接影响企业的经济效益。因此，如何运用有效的管理手段和方式、方法对物料物资管理进行诊断、分析和研究，探索最优的物料物资管理流程，实现降低物资成本、优化管理模式的目标，对发电企业提质增效、转型发展具有重要意义。

一、发电企业物料物资管理特点

（1）地理因素。发电企业一般都建立在远离市区的地段，交通便利性差，物资采购会受到地理和环境等因素的影响。

（2）设备因素。发电企业机组设备存在差异性。同行业相同型号的机组非常少，其结构也各不相同，设备零部件的通用性较低。

（3）市场因素。设备市场环境受单一来源等因素的影响，选择面窄。同时，在煤炭价格大涨的情况下，供应商的违约成本相对较低，合同违约情况增加。一旦违约，将影响调运计划，进而增加煤炭成本。

（4）政策因素。政策对进口煤采购影响极大，而掺烧进口煤是发电企业盈利的重要途径。

二、发电企业物料物资精益管理价值

（一）燃料物资精益管理价值

燃料物资精益管理价值主要体现为燃料采购成本和管理效率，其体现在燃料管理的全过程中，直接影响燃料成本、管理效率、风险防范等。

（1）采购。在日常采购管理中，能否降低采购成本，重点看制订的采购策略是否正确。采购策略包括采购计划、采购结构、采购节奏等。对市场行情、各煤种信息掌握不全面，对煤炭市场分析不充分，错过采购时机，采购节奏把握不准确，低价时段未增量，高价时段未控量，都会导致采购煤价提高。

（2）调运。燃煤采购过程中的调运物流成本也是非常关键的成本。调运不合理，会导致滞期费用、运输费用等过高，增加燃料采购成本。

（二）物料物资精益管理价值

（1）发电企业需求物资管理不到位，不但影响安全生产、检修及技改进度、待备品缺陷的消缺，还将造成企业为了保险起见只好尽可能多地储备备品、备件，进而导致库存积压。采用物料物资精益管理将极大提升发电企业的安全生产和管理水平，降低资金和管理成本，为发电企业库存降到合理水平奠定基础。

（2）合理的库存是必要的，但过高的库存将使得大量资金沉淀在库存之中，不仅造成流动资金总额减少，增加利息和库房的管理费用，当公司生产出现故障时，还可能用库存先顶上，而造成停机、停运等问题的管理上的不足。

第二章　发电企业物料物资精益管理实施路径

本章的主要内容是运用精益管理思维和工具，对原有物料物资管理系统进行诊断、分析，梳理出问题点和改善点，并探索改善措施，以提高物料物资管理效率，为发电企业开展物料物资精益管理提供参考。

第一节　发电企业物料物资管理诊断分析

运用精益管理思维和工具，采用现状调查、头脑风暴、思维导图等方法对物料物资管理各环节进行诊断。

一、物料物资现状问题梳理

通过诊断、分析，归纳出物料物资管理主要存在以下几个方面的问题。

（一）燃料物资管理方面

（1）合同履约方面，存在违约和延迟履约情况；

（2）装、卸两港滞期费高；

（3）储煤场地有限。

（二）燃料物资接卸管理方面

（1）船舶靠泊完毕商检人员到场不及时；

（2）水尺验收完毕卸煤设备不具备启动条件；

（3）水尺作业过程统筹不到位。

（三）采购管理方面

（1）物资采购流程、会签确认时间长；

（2）部分物资采购周期长；

（3）采购物资供货不及时；

（4）验收不及时；

（5）采购物资来源单一，无价格谈判权；

（6）部分物资采购量少，无价格优势；

（7）合同审批时间过长，延误交货工期，影响生产运行。

（四）仓储管理方面

（1）为了保证安全生产，大量储备事故备品、备件，造成库存资金增加；

（2）信息管理水平低，存在重复采购，造成库存积压；

（3）部分设备技术更新或改造后，备品、备件闲置，增加企业经营成本；

（4）库存物资受到存储条件限制，保养不到位，造成变质、损坏，失去使用价值；

（5）盘点工作未定期执行；

（6）废旧物资处置慢。

二、物料物资现状问题梳理汇总

通过对物资管理构架、关键指标、存在的不足等进行系统分析，汇总出存在的主要问题及原因，如表 3－33 所示。

表 3－33　物资全生命周期管控存在的问题及原因汇总

序号	问题环节	具体描述	问题原因
1	计划	非标件无规格、型号档案	物资台账不完善
2		工作计划变更，需求计划变更不及时	沟通不到位
3		机组必需物资记录备档缺失、不准确	物资台账不完善

（续表）

序号	问题环节	具体描述	问题原因
4	计划	需求计划不准确	人员责任心不强、专业素质不高、计划报送要求不全面
5		计划报送不及时	沟通不到位
6		流程不完善或执行不力	监督、考核体制不健全
7	审批	审批流程不完善	管理体制不健全
8		审批流程执行不力	人员责任心不强
9	采购	流程不规范	管理体制不健全
10		供应商管理不完善	管理标准不明确
11		来源单一，采购选择面窄	设备特殊性
12		集中采购不完善	地域及设备特殊性
13	合同	合同资料不规范	人员专业知识不足、责任心不强
14	验收	验收标准不明确	标准培训不足
15		验收条件不足	硬件设施不到位
16		验收流程执行不力	制度管理不健全
17	库存	仓储环境差	硬件设施不到位
18		备件保养不规范	人员专业素质不高、责任心不强
19			
20		库房“7S”管理流于形式	“7S”管理与生产实际未结合
		出入库管理不规范	人员责任心不强
21	使用	物资台账更新不及时	物资台账不规范
22		物资台账要求不全面	物资台账不规范
23		物资使用管理不精细	人员专业素质不高、责任心不强
24	废旧处置	流程不完善或执行不力	管理标准不明确

第二节　发电企业物料物资管理体系构建

通过对物料物资管理进行诊断、分析，查找出存在的主要问题，以寻找物料物资精益改善方向及思路。

一、燃料物资管理体系

燃料物资管理体系包括工作体系、安全保证体系、监督体系和考核体系。燃料物资采购部门结合生产需求和发电形势编制采购计划，部门及公司分管领导会签后提交燃料物流公司统一招标采购，燃料领导小组讨论确认拦标价，提出采购意见。物料部根据采购会议纪要，签订采购合同，根据合同约定如约结算，监督煤炭合同履约情况；编制调运计划安排，发布船期滚动表，监质监装，跟踪装港情况，预测到港时间；接卸工作应与燃管部对接。接卸管理也是燃料物资管理的重要环节。做好与第三方检验单位的协调工作，预约商检人员水尺作业时间，做到“人等船”；做好卸煤设备检修和保养工作，确保卸煤设备在船舶靠泊前具备启动条件，做到“设备等船”；水尺验收结束后及时通知船方开舱，并发布开卸通知等，这些措施均能有效缩短水尺验收时间。同时要建立煤场管理制度，建立煤堆测温记录簿、煤场管理台账。定期测温，烧旧存新，防止煤堆自燃。

二、物料物资管理体系

物资需求部门提出需求计划，审批后由物料部物资汇总，生成采购计划，执行采购，并对供应商进行管理。合同环节涉及财务、计划和纪检等相关部门，所有流程均通过网上审批完成；生产技术部、物资需求部门对物资验收负责；仓库对物资出入库、仓储和保养负责；使用部门对领用物资仓储、使用、保养负责，并受相关部门监督。

三、物料物资全生命周期管控分析

（一）计划

物资需求计划是物资管理的源头。规范物资需求计划编制、审核流程，提高物资需求计划准确率，提高物资需求计划报送及时性和物资需求计划的前瞻性，对发电企业安全生产至关重要。

（二）审批

物资需求计划严格审批有利于提高物资采购的准确性，同时还能有效减少库存资金的占用以及库存积压。准确和及时审批物资需求计划，既能保证安全生产物资正常供应，又能减少浪费。

（三）采购

物资采购过程是物资供应的重要环节，采购准确率、供货及时性、物资质量、物资成本等因素都由采购环节决定。物资采购对于发电企业来说是企业生产经营的重要环节，是影响企业生产效益的直接因素。

（四）合同

规范的物资采购合同是正确执行物资采购计划的保障，能够有效监督供应商行为，确保物资供应的及时性和准确性。

（五）验收

严格执行到货物资验收标准，保证质量达标，是企业确保安全生产的重要举措。

（六）供应商

发电企业物资需求受市场因素影响，合理选择供应商能有效规避劣质产品入库。供应商管理体系的完善，能够最大限度地降低低价、低质物资中标的风险。

（七）仓储

仓储管理是物资管理的重要环节。物资台账的完善对计划、采购、使用等环节均存在影响。规范的物资存储管理和完善的物资台账对发电企业的物资管理意义重大。

（八）使用

物资的价值体现在使用中，规范物资使用、保养，确保物资使用价值最大化。

（九）报废

废旧物资处置直接关系企业资金收益。及时处置报废物资，能缓解存储空间压力；再利用可修复物资，能够降低物资采购成本。

第三节　发电企业物料物资精益管理对策实施

发电企业物料物资管理需应用精益管理理念，运用精益管理工具进行全面的诊断、分析和实施对策，列出精益课题，持续进行损耗改善。

一、计划环节精益化

完善物资计划申报方式管理，区分普通物资、紧急物资、单一来源物资、上级管辖权限物资等。梳理物资计划申报流程，需求部门（专业）应及时跟踪、了解物资需求计划的审批进度，催办督办，加快审批流转；同时，各需求部门（专业）申报人员应按信息中心的统一要求安装手机版蓝信并开通使用功能，便于进行流程跟踪。物料部必须对物资需求计划内容的完整性、审批手续的齐全性进行检查，有权拒收或退回不合格的物资需求计划，并反馈给物资使用需求部门（专业），同时解释理由。此外，还应对大、小修期间的物资计划管理进行规范。

二、采购环节精益化

根据采购的数量或金额，物资可分为大宗批量物资、单一来源物资、一般物资和紧急物资四大类进行管理，上级管辖权限物资按上级规定管理。物料部采购员根据已审批的 ERP 工单、物资需求计划单或工程联系单，编制采购申请或招标文件，拟定采购项目、方式，经物料部主任审核并报分管领导审批后执行。采购过程严格执行采购纪律，确保廉洁从业。

三、物资验收环节精益化

物资到厂验收严格执行物资验收标准，拒绝接受劣质产品，拒绝接受与合同规定不符的产品，拒绝接受未经检验及不合格产品。

四、库存环节精益化

加强备件验收环节的质量把关。可代替使用的物资应先消耗库存，提高已有库存物资的使用率；对因过期失效、技改换型等原因产生的不用物资进行盘点，按相关规定及时办理处置手续，做到有效控制库存总金额。同时严格按制度奖惩，对清仓利库进行奖励，对新增积压库存进行考核。按措施严格控制库存，每月及时落实平衡采购计划，控制合理的备品储备种类和定额。按“先到先领和优先消耗库存”原则，优化储备方式，减少库存；优先修旧利废，控制加工件积压库存。

五、仓储环节精益化

（1）三无：无差错、无事故、无霉烂变质。

（2）四防：防火、防盗、防洪、防破坏。

（3）四相符：账、卡、物、资金四相符。

（4）五化：库容整洁化，工作制度化，保管保养科学化，技术资料档案化，搬运装卸机械化。

（5）四号定位：对存放于库房内的物资用库号、架号（或区号）、层号（或列号）、位号（或排号）固定下来，四者统一编号，使卡和账页上的编号统一对应。

（6）五五码放：以五为基本计量单位，把物资码成各种总数为五的倍数的货垛。适用于按件计量的物资，五化堆码方法能把大小不一、形状各异、不规则的物资摆成较有规则的各种定量包装和货垛，做到过目成数，美观整齐，便于物资准确发放、盘点和保管。

六、废旧物资管理环节精益化

按一般性废旧物资、危险废旧物资对废旧物资进行分类管理。严格执行报废流程。所属部门要定期对相关资产进行清查、盘点，对符合报废条件和标准的资产，按规定履行相应决策程序后应及时进行报废处理。经批准同意报废后，不可回收的报废物资或废旧物资由使用部门自行处理，可回收的报废物资由使用部门将其送到物料部仓管员指定的储存地点。大小修、技改期间批量报废的一般性废旧物资，由申请物资报废的部门或专业与物料部沟通后存放在指定地点。废旧物资入库前，报废部门应对废旧物资进行分类，将一般性废旧物资和危险废旧物资分别报废入库。危险废旧物资报废部门入库的各种危险废旧物资，必须包装完好、分类明确，否则一律不许入库。危险废旧物资报废部门入库的危险废旧物资必须做好登记，贴上标签，标签上所记录的内容必须包括危废种类、有害成分、危险性质、数量以及报废日期，且必须与管理台账相吻合。

第三章　物料物资精益管理实践应用

【案例 3－13】　“六位一体”精益燃料管理

一、案例背景

1. 煤炭价格不断走高

国家实施供给侧结构性改革，限制煤炭产能，同时加大对煤炭企业环保及安全整顿力度，2016 年下半年以来，煤炭价格不断走高。

2. 燃料成本不断攀升

根据中华人民共和国交通运输部下发的《交通运输部关于同意国际航行船舶临时进出莆田港东吴港区和福州港罗源湾港区部分码头泊位期限的批复》（交海批〔2017〕20 号），罗源湾港区限制外贸煤船靠泊，外贸煤只能经过其他一类口岸进行转运，导致可门发电公司燃料采购成本增加。

二、团队介绍

“六位一体”的跨部门课题小组及目标如图 3－102 所示。

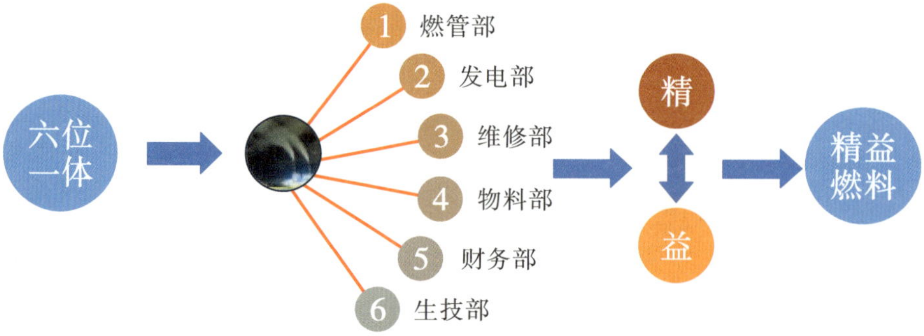

图 3－102　“六位一体”的跨部门课题小组及目标

可门发电公司由燃管部等6个与燃料相关的部门组成跨部门课题小组，对燃料管理全过程进行精益提升，向管理要效益，实现燃料成本精益化。

三、诊断

先对燃料管理全流程“四个层面，六个环节”的工作进行全面梳理，再运用全流程分析法、对标分析法、头脑风暴法对存在的主要问题进行诊断。

1. 燃煤管理全流程分析

燃煤管理全流程分析如图3－103所示。

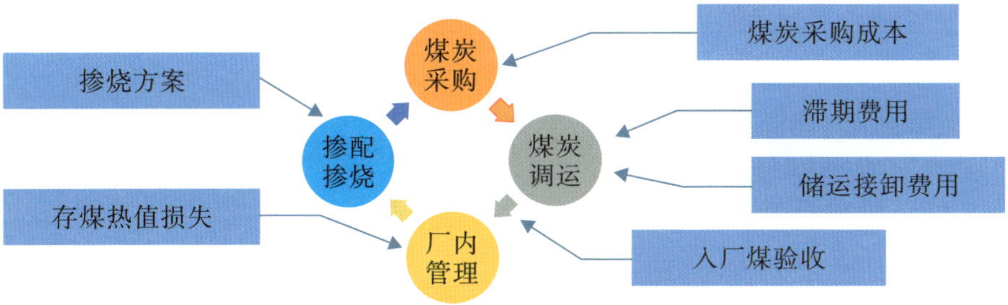

图3－103　燃煤管理全流程分析

2. 采购环节对标分析

（1）采购环节对标分析：2017年1—6月入厂煤标煤单价对标成绩下降，前5个月均为第三名，6月下降到第四名（图3－104）。

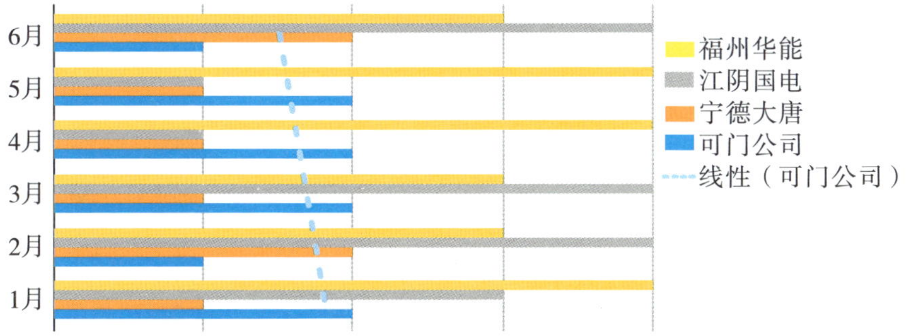

图3－104　采购环节对标

3. 接卸验收对标分析

2017 年 1—6 月接卸滞期费情况如图 3－105 所示。

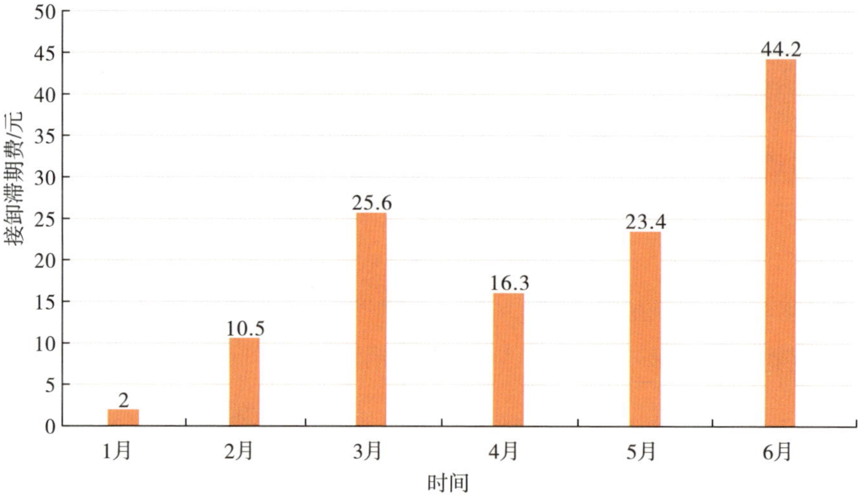

图 3－105　2017 年 1—6 月接卸滞期费情况

4. 煤场管理对标分析

（1）煤场管理对标分析：入厂入炉煤标煤单价差及热值差上升（图 3－106）。

图 3－106　入厂入炉煤标煤单价差、热值差对标分析

（2）煤场管理头脑风暴：厂内管理不规范（图 3－107）。

图 3－107　煤场管理头脑风暴

5. 掺配掺烧头脑风暴：劣质煤（低热值煤）掺烧比例不高

（1）劣质煤掺烧比例没有达到50%；

（2）掺烧管理办法没有落实到位；

（3）员工掺烧积极性不高。

四、分析

燃煤管理问题分析如图3－108所示。

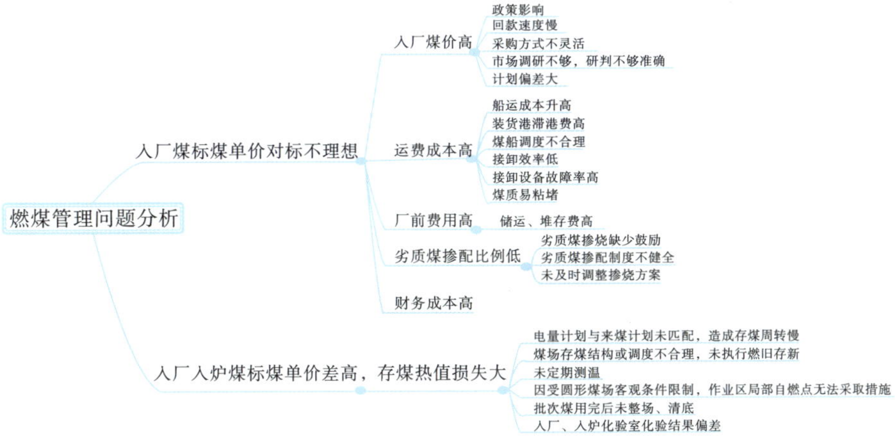

图3－108 燃煤管理问题分析

1. 入厂煤标煤单价对标不理想

（1）入厂煤价高。

政策影响：国家实施供给侧结构性改革，同时加大对煤炭企业环保及安全整顿力度，使煤炭价格不断攀升。

回款速度慢：结算办理时间长；货转办理慢，影响使用；外贸煤放关时间长，影响结算；调运方式单一。

采购方式：阳光采购，门槛高；自主采购，抵抗市场风险能力差；保供临时采购，增加采购成本；风险把控难度大，汇报、研究、决策时间跨度长，错过捡便宜货时机；煤质要求苛刻，特殊煤种价格昂贵。

市场信息：信息来源渠道单一，信息更新不及时；缺乏专业人员及专业知识；对天气、运输、政策分析不够全面。

计划偏差：月度采购计划与电量偏差大；紧急采购没有价格优势；海

运煤采购周期长。

（2）运费成本高。

①船运成本升高；

②装货港滞港费高；

③煤船调度不合理；

④接卸效率低；

⑤接卸设备故障率高；

⑥煤质易粘堵。

（3）厂前费用高。

影响因素透视表如表 3－34 所示。

表 3－34　影响因素透视表

火电厂电煤二次费用表									
填报单位（盖章）：福建华电可门发电有限公司				2017 年 3 月				单位：元	
变动厂后费用			固定厂后费用			二次费用合计		备注	
费用名称	当月	累计	费用名称	当月	累计	当月	累计		
煤炭接卸转运设备租赁费	719339.60	1438679.20	码头临时对外开放各查验单位查验补助费	0	0.00	719339.60	1438679.20		
煤质检验费	0.00	0.00	计量衡校验费	0	0.00	0.00	0.00		
到港水尺验收费	20000.00	40000.00	码头前沿港池描测和清淤费	0	0.00	20000.00	40000.00		
煤场管理费	143490.56	286981.12				143490.56	286981.12		
短途倒运费用	0.00	0.00				0.00	0.00		
其他	0.00	0.00				0.00	0.00		
						882830.16	1765660.32		
电厂审批：			部门审核：			制表：			

（4）劣质煤掺烧比例低。

劣质煤掺烧比例低的原因如图 3－109 所示。

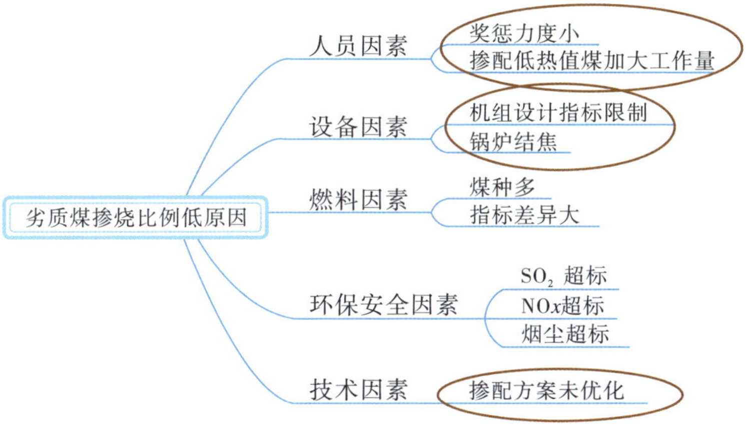

图 3－109　劣质煤掺烧比例低原因

（5）财务成本高。

2017 年融资市场局势紧张，融资成本不断上涨。诸多金融机构对火电行业企业的信贷原则是“高度关注，控制总量，严格准入”。目前，工、农、中、建四大行明确提出严格限制新增融资规模，从 2017 年下半年开始，火电企业已无法取得利率下浮的优惠。

2. 入厂入炉煤标煤单价差高，存煤热值损失大

入厂入炉煤标煤单价差高，存煤热值损失大的 5W2H 分析如表 3－35 所示。

表 3－35　5W2H 分析

序号	5W2H	内容
1	What	存煤热值损失大
2	Why	电量计划与来煤计划不匹配，造成存煤周转慢；煤场存煤结构或调度不合理，未执行燃旧存新；作业区局部自燃点无法采取措施；批次煤用完后未整场、清底；露天存煤风吹日晒，热值损失
3	Where	煤场
4	When	2016 年 1 月—2017 年 6 月

（续表）

序号	5W2H	内容
5	Who	燃料管理部门
6	How	定期测温
7	How much	每班测温

五、改善实施

1．改善入厂煤标煤单价对标水平

（1）控制煤炭采购成本。

①准确分析把握煤炭信息，落实电煤“阳光采购”制度，把握煤炭采购最佳时机，6 月底前提前锁定下半年 90 万 t 印度尼西亚煤采购合同，7 月、8 月到厂价格比市场价低 50 元/t；9 月、10 月到厂价格比市场价低 30 元/t。

②召开“港电一体日协调会”。会议内容涵盖燃料管理的全过程，讨论船期接卸安排、设备消缺、掺烧需求。对调整采购煤价起到了指导作用。

③制定结算标准操作卡，控制节点时间，简化结算手续。从量质验收结束至财务付款之前，外贸煤结算付款一个周期可缩短 14 天。

（2）控制运费成本。

①船舶计划和靠泊接卸信息动态对接，根据靠泊计划安排，及时调整船期，实现排船和接卸无缝对接。

②做好监质监装工作。

③水尺作业严格执行《燃煤接卸作业精益管理规定》，控制水尺验收时间。

④通过强化班组竞赛手段，每航次卸煤结束后及时分析影响接卸的原因，形成《卸煤总结报告》，缩短卸煤时间，控制运费成本。

⑤每周组织召开燃料管理协调会。

（3）降低厂前费用。

合理安排采购量、合理安排船期，综合考虑大、小船费用差和储运接卸费，选择合理的载运船型，最大限度地降低储运堆存费。

2. 降低入炉煤标煤单价差

（1）降低存煤热值损失。

合理控制库存，提高存煤周转率，严格执行“燃旧存新”，做好存煤自燃防治，根据掺烧方案需求和存煤结构合理安排到厂煤种。

（2）提高入厂煤量、质验收准确性。

（3）优化入炉煤掺配烧管理。

每周组织召开燃料管理协调会，每天组织召开“港电一体日协调会”，建立掺烧信息微信群，及时调整并公布《入炉煤掺配通知单》；修订《入炉煤掺配烧管理制度》，健全劣质煤掺烧激励制度。

3. 降低财务成本

融资宽松时：在融资市场总体环境较为宽松的情况下，对年末到期融资进行置换，提前锁定融资成本。

市场趋于紧张时：优化燃料款的支付时间及方式，票据与循环贷款相结合，合理利用电费回收与超短期融资的时间调配资金，控制月末资金余额，利用票据与短期循环贷款低利率的优势，提前归还高成本融资。

六、成果展示

1. 入厂煤标煤单价对标情况

入厂煤标煤单价对标情况如图 3－110 所示。

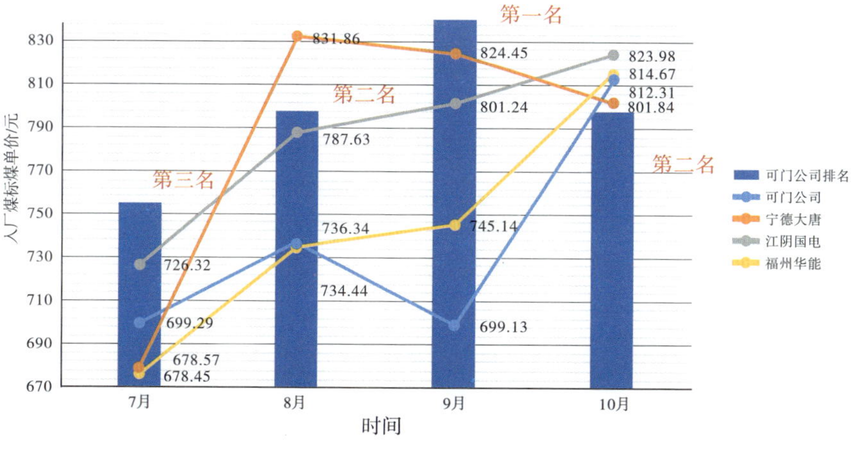

图 3－110　入厂煤标煤单价对标情况

2. 入厂入炉煤热值差

入厂入炉煤热值差由6月的1.231MJ/kg降到10月的0.028MJ/kg。(7—10月入厂煤量113.08万t，按23.027MJ/kg到厂煤价786.45元计算，共降低燃煤成本4651.52万元)

3. 入厂煤标煤单价差

入厂煤标煤单价差由6月的30.26元降低到10月的22.89元。10月末入厂煤标煤单价差较6月末降低了7.37元。10月入厂煤量136.35万t，相当于降低燃煤成本1004.9万元。

4. 节约财务成本

截至2017年8月底，可门发电公司用银行承兑汇票支付燃料款26703万元，全厂利用融资措施共节约成本696万元。

七、标准化

1. 规范管理制度，做到"有法可依"

为使改善成果及改善措施能长期有效执行，可门发电公司针对部门职能和水尺检量、化验质检工作方式变化，及时修订了《燃煤接卸作业精益管理规定》《现场采样作业指导书》等文件，不断堵塞管理漏洞，扎牢制度笼子。

2. 落实各项制度，做到"有法必依"

严格落实各项新制定及新修订的管理制度；严格执行协调会会议制度，做到"有法必依"。

3. 监督巡查到位，做到"执法必严"

实施输煤日督查、夜巡查制度，保障生产安全，严格落实《入厂煤采制管理办法》《入厂煤水分补正管理办法》《入厂煤验收异常（掺假）处理办法》《煤场盘点管理办法》等制度以保障经济安全。

（本案例由可门发电公司提供）

【案例 3－14】 实现物资到货 JIT 精益化管理

一、背景

（一）精益课题诊断

物资采购管理分析如图 3－111 所示。

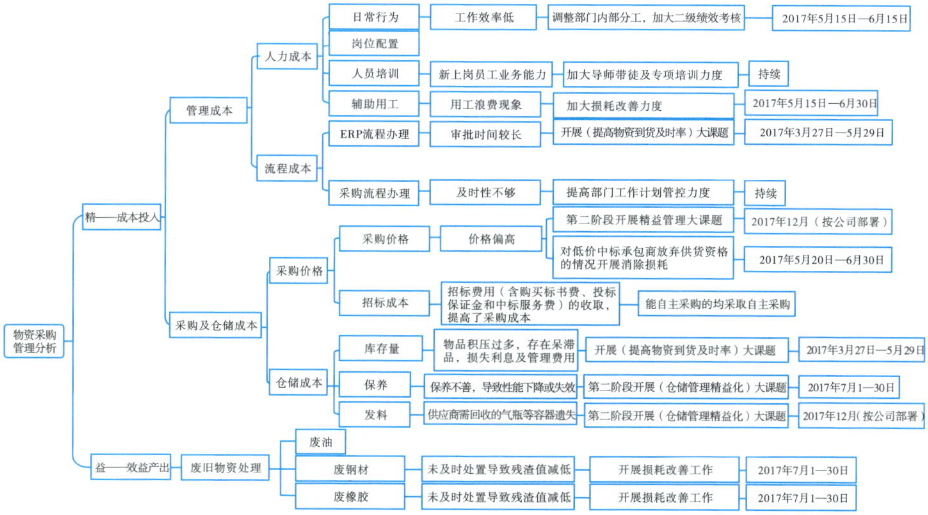

图 3－111 物资采购管理分析

（二）物资管理 JIT

（1）JIT 起源：源自丰田精益生产方式中的 JIT（Just In Time），即准时制生产方式。通过管理价值链及进行一系列的改善，实现物资在需要的时间准时、及时供给，满足质量要求、数量要求，不早不晚，不多不少。

（2）JIT 生产方式，其实质是保持物质流和信息流在生产中的同步。

（3）这种方法可以减少库存，缩短采购时间，降低成本，提高生产效率。

（三）物资到货 JIT

发电企业需求物资无法及时到货，不但影响安全生产、检修及技改进度、待备品缺陷的消缺，还会造成企业为了保险起见只好尽可能多地储备备品、备件，进而导致库存积压。

合理的库存是必要的，但过高的库存将使得大量资金沉淀在库存之中，不仅造成流动资金总额减少，增加利息和库房的管理费用，当电厂生产出现故障时，还可能用库存先顶上，造成停机、停运等问题的管理上的不足。

因此，物资管理 JIT 将提高物资到货及时率，极大提升电厂的安全生产和管理水平，降低资金和管理成本，还将为电厂库存降到合理水平奠定基础。

二、诊断

（一）现状调查

1. 现有物资采购方式说明

物资采购方式分为招标和非招标两种，招标方式包含公开招标和邀请招标；非招标方式包含询价、单一来源采购和竞争性谈判。

2. 采购物资类别说明

采购物资类别主要有检修物资、技改物资、后勤物资、普通物资、消缺待备品类物资、特殊物资。

3. 物资对象筛选说明

因检修物资、技改物资计划性强，而特殊物资、消缺待备品类物资、普通物资、后勤物资计划性较弱。为便于统计分析，本课题按计划性强弱的不同对物资进行归类，分别以检修物资和消缺待备品类物资为课题对象进行分析。

4. 价值流程不增值问题诊断

价值流程不增值分析如表 3－36 所示。

表 3－36　价值流程不增值分析

序号	流程	可能存在的不增值现象	现状	是否存在问题	影响程度
1	需求计划工单申报	工单计划上报不准确、不及时	2016 年度共发生 19 起	√	小

（续表）

<table>
<tr><th>序号</th><th>流程</th><th>可能存在的不增值现象</th><th>现状</th><th>是否存在问题</th><th>影响程度</th></tr>
<tr><td rowspan="3">1</td><td rowspan="3">需求计划工单申报</td><td>需求分散与采购要求相对集中的矛盾</td><td>各专业、各班组在实际生产中需要填报的采购计划时间点不一致，同时存在各专业、各班组对应审批人员审批速度不一致，所以无法保证实际下达时间集中</td><td>√</td><td>小</td></tr>
<tr><td>SAP 系统工作流出错</td><td>2017 年第一季度共发生 11 起</td><td>√</td><td>小</td></tr>
<tr><td>核实采购要素容易因人工疏忽而出错，存在错购物资的风险</td><td>多数已在审批、审核过程中纠正（信息出错也可能影响审批速度），较少发生错购物资的情况，2016 年共发生 15 起</td><td>√</td><td>小</td></tr>
<tr><td rowspan="3">2</td><td rowspan="3">工单审批</td><td>需求工单审批周期长</td><td rowspan="2">统计 2017 年第一季度到货物资所涉及采购工单（合计 96 单）：总平均审批时间为 23 天，整个审批过程包含 9 个环节，如每个环节人员均能在工作日当天处理，最多需要 13 天</td><td>√</td><td>大
平均耗时 23 天</td></tr>
<tr><td>领导出差时审批不够及时</td><td>√</td><td>小</td></tr>
<tr><td>工单批准后下达不够及时</td><td>2017 年第一季度共发生 11 起</td><td>√</td><td>小</td></tr>
<tr><td rowspan="2">3</td><td rowspan="2">采购申请审批</td><td>采购申请提审不够及时</td><td>2017 年第一季度未曾发生</td><td>×</td><td>小</td></tr>
<tr><td>采购申请审批不够及时</td><td>2017 年第一季度，采购申请审批用时最长 20 多天，最短 1 天，无节点时间提醒</td><td>√</td><td>大
平均耗时 5 天</td></tr>
</table>

（续表）

序号	流程	可能存在的不增值现象	现状	是否存在问题	影响程度
4	询比价	询比价及发起会签不够及时	2016 年度反馈无此现象	×	小
5	会签审批	采购会签确认周期长	2016 年—2017 年 2 月共有 1385 单会签单，其中 5 天内完成会签的有 204 单，6～10 天内完成会签的有 770 单，11～15 天内完成会签的有 303 单，16～30天内完成会签的有 101 单，30 天以上完成会签的有 7 单，平均每个会签单耗时 9 天；总体情况为会签耗时偏长	√	大 平均耗时 9 天
		会签流程丢失，难发现	2016 年度共发生 3 起	√	小
6	供货	下订单不及时	2016 年度未发生	×	小
		下单后专业人员未能及时提供技术参数	2016 年度共发生 19 起	√	小
7	运输	运输方面造成不及时	2016 年度共发生 6 起	√	小
		政策、节假日方面造成不及时	2016 年度共发生 3 起	√	小
8	到货	供应商发货不及时	2016 年度共发生 5 起	√	小
		到货清单不全	2016 年度共发生 9 起	√	小
		接货和登记不及时	2016 年度共发生 5 起	√	小
		接收后疏忽登记和未通知验收	2016 年度共发生 3 起	√	小

（续表）

序号	流程	可能存在的不增值现象	现状	是否存在问题	影响程度
9	验收	到货后实际需求与计划申报不一致	2016 年度共发生 5 起	√	小
10	仓储	入库不及时	2016 年度共发生 3 起	√	小
		物资保养不到位，造成失效无法使用等	2016 年度共发生 3 起	√	小
		长期积压物资未及时清理	2016 年度共发生 35 起	√	小
11	领用	领用不及时	2016 年度共发生 16 起	√	小
		领料单填报不及时	2016 年度共发生 11 起	√	小

注：如果是重要程度，则粘上一枚小红星。

5. 物资到货价值流程诊断

物资到货价值流程如图 3－112 所示。

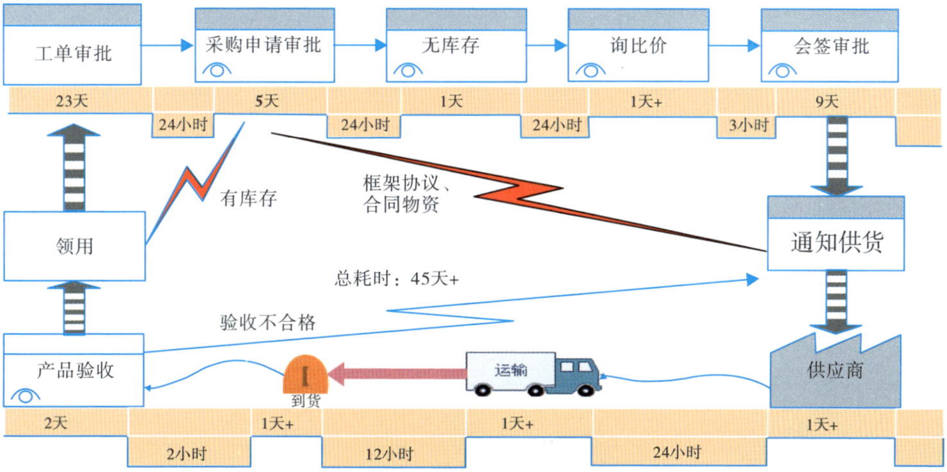

图 3－112　物资到货价值流程

6. 具体数据统计（检修物资）

3 号机组大修物资到货情况如表 3－37 所示。

表 3－37　3 号机组大修物资到货统计

序号	专业	工单号	物资描述	单位	数量	总采购项数/项	已到货总项/项	未到货总项/项
1	锅炉	100000046509	等离子点火装置/XPB－2－0000	套	4	615	376	239
2	锅炉	100000046509	直流燃烧器角度调节装置/F180.32－0	PC	30			
3	锅炉	100000046167	直流燃烧器角度调节装置/680124－A1－07008	PC	24			
4	锅炉	100000046167	直流燃烧器角度调节装置/F180.33－0	PC	30			
5	锅炉	100000046167	直流燃烧器角度调节装置/F80.203－0	PC	2			
6	锅炉	100000046167	直流燃烧器角度调节装置/F80.204－0	PC	2	615	376	239
7	锅炉	100000046167	直流燃烧器角度调节装置/F81.14－0	PC	10			
8	锅炉	100000046167	直流燃烧器角度调节装置/F180.29－0	PC	12			
9	锅炉	100000046167	直流燃烧器角度调节装置/F80.193－0	PC	2			
10	锅炉	100000043185	等离子点火器阴极头/XPG－2L－100C/D 型	个	4			
⋮	⋮	⋮	⋮	⋮	⋮			
615	环保	100000066389	球阀/Q41F－16C/DN50	只	4			

7. 具体数据统计（消缺待备品类物资）

2016年待备品缺陷到货及时率统计如表3－38所示。

表3－38 2016年待备品缺陷到货及时率统计

序号	各月份待备品缺陷统计	总缺陷数/项	已到货数/项	未到货数/项	每月到货率	平均到货率
1	2016年1月待备品缺陷到货及时率统计（4项未到）	8	4	4	50.00%	45.03%
2	2016年2月待备品缺陷到货及时率统计（11项未到）	16	5	11	31.25%	
3	2016年3月待备品缺陷到货及时率统计（6项未到）	13	7	6	53.85%	
4	2016年4月待备品缺陷到货及时率统计（14项未到）	21	7	14	33.33%	44.06%
5	2016年5月待备品缺陷到货及时率统计（6项未到）	15	9	6	60.00%	
6	2016年6月待备品缺陷到货及时率统计（6项未到）	13	7	6	53.85%	
7	2016年11月待备品缺陷到货及时率统计（11项未到）	19	8	11	42.11%	
8	2016年12月待备品缺陷到货及时率统计（20项未到）	29	9	20	31.03%	

注：2016年7—10月，由于系统ERP系统刚上线，各专业对ERP系统使用不熟练，未及时填报，故没有待备品缺陷情况的反馈及统计。

8. 损耗汇总

查找出三种损耗：

（1）管理损耗：工单审批、会签审批、采购申请审批。

（2）时间损耗：需求计划工单申报、供货、运输、询比价、到货、验收、领用。

（3）物料损耗：仓储方面。

各流程耗时统计如图 3－113 所示。

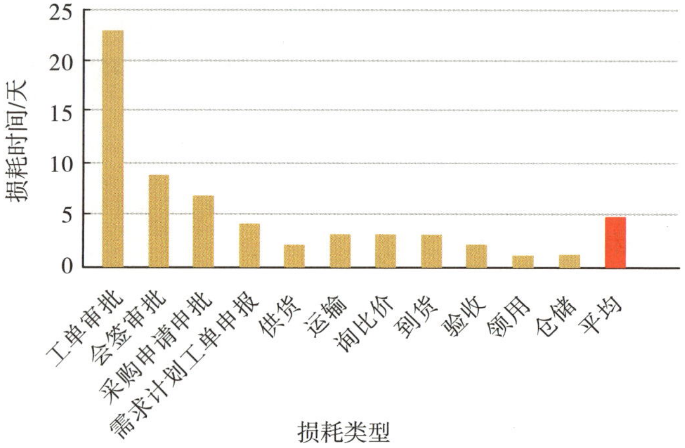

图 3－113　各流程耗时统计

（二）设定目标

远期目标：到 2017 年底，库存物资成本总体降低 800 万元，即下降 21.65%。

近期目标：2017 年 6 月，1 号机组小修物资到货及时率提高 20%。

短期目标：至 2017 年底，待备品缺陷到货及时率再提高 30%。

三、分析

（一）思维导图分析重要因素

物资到货不及时原因分析如图 3－114 所示。

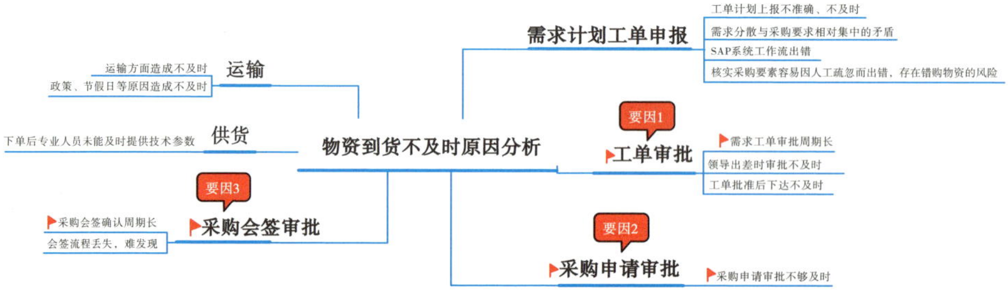

图 3－114　物资到货不及时原因分析

（二）要因分析

1. 时间损耗：在工单审批方面

（1）工单计划上报不准确、不及时；

（2）工单审批流程中烦琐节点多；

（3）无待办短信提醒；

（4）SAP 系统工作流出错；

（5）领导出差时审批不及时；

（6）工单批准后下达不及时。

2. 时间损耗：在采购申请审批方面

（1）审批时间长；

（2）领导出差时审批不及时；

（3）无待办短信提醒。

3. 时间损耗：在采购会签审批方面

（1）流程节点多；

（2）会签流程丢失，难发现；

（3）采购会签确认周期长；

（4）资料不全造成等待时间长；

（5）会签审核人确认不及时；

（6）会签单编辑慢，发起时间长。

四、改善

（一）确定三种改善措施

（1）提高工单审批及时性；

（2）加快采购申请审批；

（3）加紧采购会签审批流程。

（二）改善措施分析

1. 工单审批

（1）加强对工单计划上报不准确和不及时的考核；

（2）简化工单审批流程；

（3）开通工单审批节点蓝信实时提醒，新增待办功能；

（4）减少系统工作流出错；

（5）增加领导出差期间代办审批功能；

（6）需求专业及时下达审批后工单。

2. 采购申请审批

（1）开通工单审批节点蓝信实时提醒，新增待办功能；

（2）增加领导出差期间代办审批功能。

3. 采购会签审批

（1）实行最低价中标经需求专业确认后直接通知供货制度，通过信息平台加强维护，减少流程丢失；

（2）推动会签审核人加快确认和流程及时扭转；

（3）增加安全库存，减少会签流程；

（4）增加物资框架协议或年度合同，减少会签流程；

（5）建立联储机制，减少会签流程。

（三）改善方案实施

1. 工单审批

（1）实施方案。

①提高物资需求计划上报的准确性，对所报的备品、备件及材料，即维护、检修的设备及项目，严格把关、严禁多报，提高计划申报前瞻性；

②在每月的经济分析材料中，对当月补充需求计划进行统计与考核，确保计划上报的准确性；

③增加工单审批各节点蓝信提醒和待办功能、缩减部分审批节点，提高工单审批及时性。

（2）效果确认。

①增加月度维护紧急单限制，同时落实月度超单责任，确保每个班组都能控在 2 单/月内；

②对大、小修物资计划申报进行规定：允许检修开始前申报两批、解体后申报一批、距检修结束前 15 天不允许再有物资计划采购申报，限制以检修名义进行不规范物资申报等，其效果已在 2017 年下半年 1 号机组小

修中得到验证；

③增加系统会签节点蓝信实时提醒和待办功能，经统计比原来提前 14 天左右到货。

2. 采购申请审批

（1）实施方案。

加快采购申请审批，系统增加节点时限短信提醒及超时限统计和领导出差期间代办审批功能，提高采购申请审批的及时性。

（2）效果确认。

①增加系统会签节点蓝信实时提醒和待办功能，提高工单计划审批的及时性，经统计该步审批效果比原来平均提前 5 天到货；

②所有会签人员均已开通蓝信实时提醒和待办功能，进一步缩短了工单、采购申请、采购会签和付款办理审批的时间。

3. 采购会签审批

（1）实施方案。

最低价中标单位经需求专业确认后直接下单供货，不是最低价单位中标则按原流程节点继续流转。

（2）效果确认。

①已在 2017 年 3 号机组大修后期（即 2017 年 3—5 月总会签单 522 单，其中最低价中标直接下单占 255 单）采购会签流程实际操作中得到验证。据统计，最低价中标单位经需求专业确认后直接下单供货，到货及时率提高 48.85% [（255 ÷ 522）×100%]；

②统计 2017 年 6—9 月 1 号机组小修物资到货及时率达 93.75% [（795 ÷ 848）×100%]；

③2017 年，增加安全库存 148 项和框架协议 1263 项，不重复采购 3221 项，到货及时率提高 43.81% [（1411 ÷ 3221）×100%]；

④据统计，2017 年低价中标率占 90% 以上，年内总共采购5132 项，其中不重复采购 3221 项，以此计算执行实现物资到货 JIT 精益管理后总体物资到货及时率已达到 94.4%，故实现物资到货 JIT 精益管理后整体物资到货及时率完全可以提高 30% 以上，具体计算方式：

$$\frac{(3221-148-1263)\times 90\%+148+1263}{3221}\times 100\%=94.38\%$$

（四）改善效果

1. 成果展示

（1）工单审批流程改善后节省审批时间 11 天；采购申请审批流程改善后节省审批时间 3 天。

（2）采购会签审批流程优化后采购会签审批量减少 85%；改善后待备品缺陷到货及时率提高 45%。

（3）改善前：3 号机组大修物资到货及时率 61.14% [（376÷615）×100%]（截至 2017 年 5 月 30 日）。改善后：1 号机组小修物资到货及时率 93.75% [（795÷848）×100%]（截至 2017 年 9 月 30 日）。

2. 改善整体效果

（1）已实现目标。

通过实施前面三种改善措施，已实现整体物资到货及时率提高 30% 以上，超额完成了目标（目标值 20%～30%）。

（2）已实现库存目标。

①按每月新增库存统计、考核未领用物资及倒排领用计划，能确保 2017 年内基本不产生新库存；

②通过盘点和统计，2017 年仓库内无法使用的物资价值约 805 万元（已在办理报废处置手续中），加上原库存物资，下半年预计可领用 100 万元，即至 2017 年底库存总值再降 800 万元的目标完全可实现。

五、标准化

1. 总体情况

（1）对物资管理办法和计划管理办法制度进行修订及固化。

（2）持续执行每月对物资需求计划和到货未领用物资的统计、考核与奖励。

（3）大力开展整库、利库工作，减少物资库存，加速资金周转。

（4）定期对物资库房进行盘点，长期不用物资申请报废。

（5）大力推动框架协议采购，建立最低安全库存，压缩采购流程，减少库存资金占用。

(6) 在库存物资减少到合理范围内后，增加储备事故备品、备件。

2. 对现行 7 个制度进行修订

六、总结

通过对实现物资到货 JIT 精益化管理课题的深入开展、研究、探索和固化，推动部门全员参加，调动全员积极性，让部门人员清楚地意识到物资管理中存在的各种问题，通过诊断、分析、改善及标准化，减少管理中的损耗，为物资采购管理工作创造更多的效益和价值。

(本案例由可门发电公司提供)

【案例 3-15】 提高入厂煤氢测定的合格率

一、选题背景

(一) 煤氢测定的意义

燃料中的氢是热量的主要来源，和锅炉燃烧安全以及公司的运营成本息息相关。

入厂煤结算最重要的指标——低位发热量，其计算需用到氢含量。煤或水煤浆(称取水煤浆干燥试样时)的收到基恒容低位发热量按以下公式计算：

$$Q_{net,v,ar} = (Q_{gr,v,ad} - 206H_{ad}) \times \frac{100 - M_t}{100 - M_{ad}} - 23M_t$$

(二) 现场调查

1. 华电电科院抽样氢数据比对

2018 年第一、第二季度华电电科院抽样氢合格率统计如图 3-115 所示。

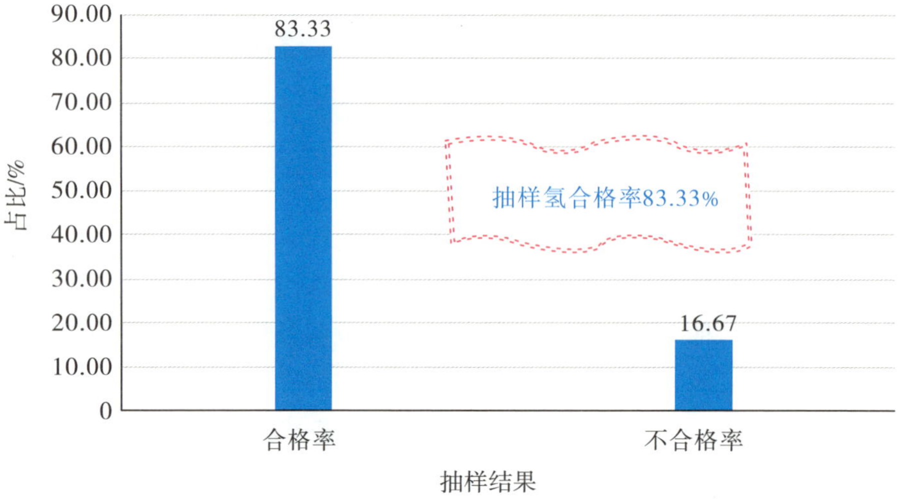

图 3－115　2018 年第一、第二季度华电电科院抽样氢合格率统计

2. 可门发电公司与中检公司共同验收入厂煤氢含量结果

①不满足抽样氢合格率为 100% 的要求；②不满足入厂煤氢含量不合格数为 0 的要求。2018 年 1—8 月可门发电公司与中检公司氢含量合格数统计如图 3－116 所示。

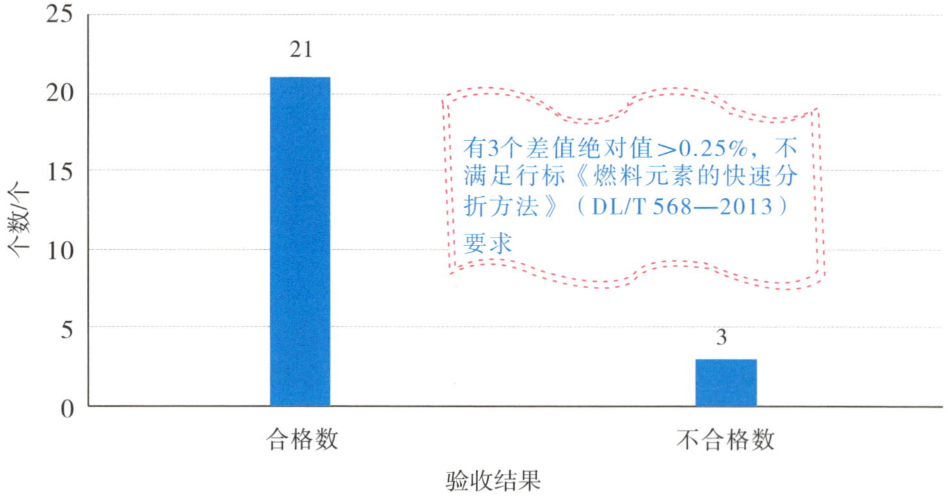

图 3－116　2018 年 1—8 月可门发电公司与中检公司氢含量合格数统计

二、诊断

（一）数据分析

1. 华电电科院与可门发电公司抽样氢数据比对

华电电科院与可门发电公司抽样数据比对如表3-39所示。

表3-39 华电电科院与可门发电公司抽样数据比对

<table>
<tr><th rowspan="2">入厂煤编号</th><th rowspan="2">煤种</th><th>固有水分</th><th colspan="2">氢</th><th>备注</th></tr>
<tr><th>$M_{ad}/\%$</th><th>氢含量 $H_{ad}/\%$</th><th>氢值 $H_d/\%$</th><th>（第一行可门发电公司化验数据，第二行华电电科院抽检数据）</th></tr>
<tr><td rowspan="3">17208-1</td><td rowspan="3">褐煤</td><td>17.76</td><td>3.85</td><td>4.68</td><td rowspan="3">差值绝对值
>0.25%，不合格</td></tr>
<tr><td>18.37</td><td>3.42</td><td>4.19</td></tr>
<tr><td colspan="2">差值</td><td>0.49</td></tr>
<tr><td rowspan="3">18015-2</td><td rowspan="3">褐煤</td><td>13.24</td><td>3.28</td><td>3.78</td><td rowspan="15">抽样6个，1个煤氢不合格
煤种：褐煤</td></tr>
<tr><td>9.02</td><td>3.51</td><td>3.86</td></tr>
<tr><td colspan="2">差值</td><td>-0.08</td></tr>
<tr><td rowspan="3">18021-2</td><td rowspan="3">外购1</td><td>7.27</td><td>3.98</td><td>4.29</td></tr>
<tr><td>4.74</td><td>4.16</td><td>4.37</td></tr>
<tr><td colspan="2">差值</td><td>-0.08</td></tr>
<tr><td rowspan="3">18074-3</td><td rowspan="3">蒙混煤</td><td>4.46</td><td>3.68</td><td>3.85</td></tr>
<tr><td>7.11</td><td>3.50</td><td>3.77</td></tr>
<tr><td colspan="2">差值</td><td>0.08</td></tr>
<tr><td rowspan="3">18087-1</td><td rowspan="3">蒙混煤</td><td>13.24</td><td>3.28</td><td>3.78</td></tr>
<tr><td>9.02</td><td>3.51</td><td>3.86</td></tr>
<tr><td colspan="2">差值</td><td>-0.08</td></tr>
<tr><td rowspan="3">18091-1</td><td rowspan="3">褐煤</td><td>6.28</td><td>3.98</td><td>4.25</td></tr>
<tr><td>4.74</td><td>4.16</td><td>4.37</td></tr>
<tr><td colspan="2">差值</td><td>-0.12</td></tr>
</table>

2. 可门发电公司与中检公司共同验收入厂煤氢值比对

可门发电公司与中检公司验收入厂煤氢值比对如表3-40所示。

表3-40 可门发电公司与中检公司验收入厂煤氢值比对

编号	煤种	氢值 H_d/%		差值/%
		CCIC	电厂	
1802	褐煤	4.33	4.80	-0.47
1804	印尼煤	4.38	4.39	-0.01
1805	褐煤	4.38	4.33	0.05
1806	混煤	3.89	4.12	-0.23
1807	褐煤	3.84	3.72	0.12
1808	混煤	4.07	4.06	0.01
1809	褐煤	4.54	4.48	0.06
1810	褐煤	3.92	3.87	0.05
1811	褐煤	4.35	4.42	-0.07
1812	褐煤	4.33	4.32	0.01
1815	沫煤	4.36	4.37	-0.01
1816	外购1	4.42	4.32	0.10
1817	优混煤	4.32	4.18	0.14
1818	褐煤	4.21	4.38	-0.17
1823	褐煤	4.20	4.10	0.10
1824	褐煤	4.21	4.05	0.16
1832	褐煤	4.34	4.56	-0.22
1839	褐煤	4.37	3.95	0.42
1841	混煤	4.01	3.98	0.03
1848	蒙混煤	4.31	4.19	0.12
1851	同煤	3.81	3.74	0.07
1852	蒙混煤	3.93	3.85	0.08
1853	褐煤	4.49	4.19	0.30

比对23个，
3个氢值不合格
煤种：褐煤

注：《燃料元素的快速分析方法》（DL/T 568—2013）规定，比对氢值（H_d）差值绝对值≤0.25%为合格。比对结果发现都是褐煤氢值不合格。

（二）仪器设备

1．工作流程

实验室使用的是 SDCHN435 碳氢氮元素分析仪，所依据的标准为《燃料元素的快速分析方法》（DL/T 568—2013）中的高温燃烧红外热导联合测定法（图 3－117）。

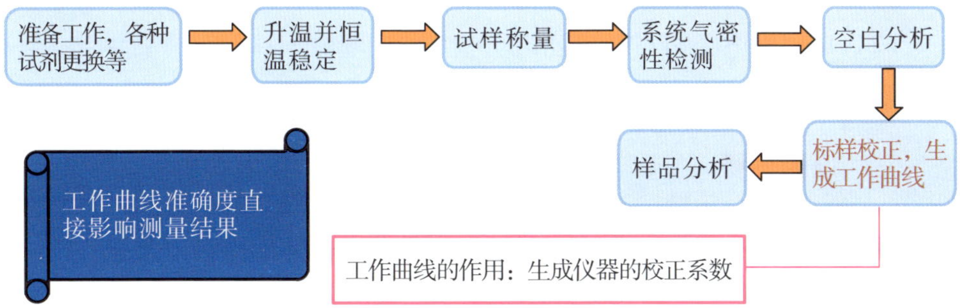

图 3－117　工作流程

目前仪器工作曲线的特点：生成点数 8 点，点与点之间范围太大。

（1）目前生成工作曲线点数共 8 点，氢值范围 2.00%～5.00%，满足《燃料元素的快速分析方法》（DL/T 568—2013）规定的曲线标定量少试验次数的要求；

（2）工作曲线点与点之间范围太大，影响工作曲线的精密度。

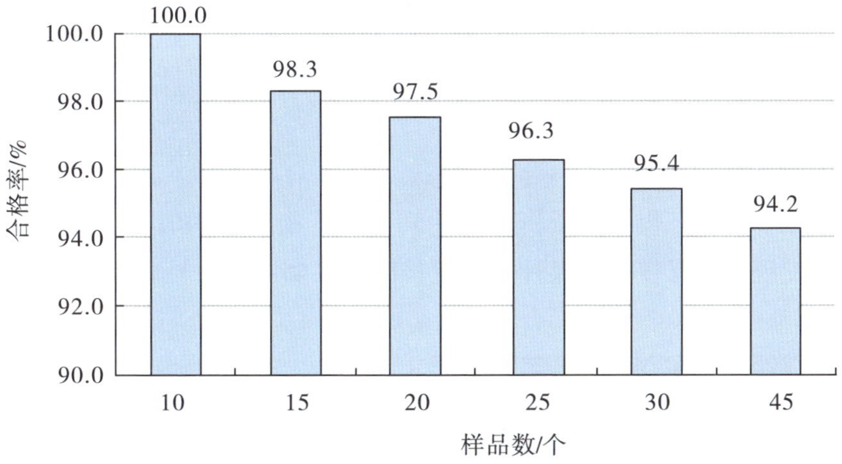

图 3－118　样品个数与合格率统计

2. 实验过程

样品个数超10个后，仪器氢含量测定的合格率开始下降。

根据2017年1—12月现场实验统计，随着样品个数的增加，仪器所测定的标煤氢值合格率呈下降趋势（图3-118）。

（三）目标制定

（1）华电电科院抽样氢含量合格率100%；

（2）可门发电公司与中检公司实验室共同验收入厂煤氢含量测定，不合格数为0。

三、原因分析

对入厂煤氢含量测定不合格的原因，通过思维导图进行分析，并对重要原因进行分析（图3-119）。

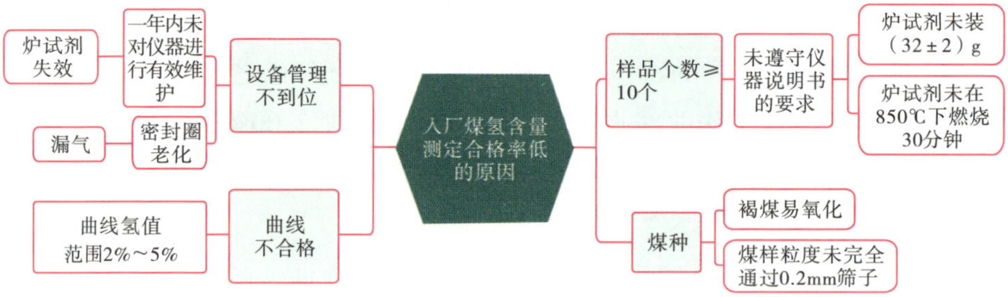

图3-119 入厂煤氢含量测定合格率低的原因思维导图分析

（一）褐煤方面原因分析

1. 褐煤的一般分析：煤样

（1）褐煤很难达到空气平衡状态。

第二季度入厂煤一般分析煤样达到空气平衡状态的时间，从表3-41中可以发现，褐煤较其他煤种需要更长时间（≥4小时）才能达到空气平衡状态。

褐煤性质：在空气中易氧化变质。

表 3－41　不同煤种达到空气平衡状态的时间表

煤源	样品编号	达到空气平衡状态时间/小时	煤源	样品编号	达到空气平衡状态时间/小时
褐煤	1840/1806	5	褐煤	1844（5）	6
蒙混煤	1841/1707	3	褐煤	1854/1810	5
神混 2	1842/1807	3	褐煤	1855/1810	6
外购 2	1843/1807	3	褐煤	1846（3）	6
印尼煤	1844（1）	4	褐煤	1856/1811	6
印尼煤	1844（2）	4	褐煤	1857/1811	6
蒙泰混煤	1845/1808	3	褐煤	1858/1811	6
褐煤	1846（1）	6	富动－5000	1859/1811	5
蒙泰混煤	1847/1808	3	平 6	1860/1811	2
褐煤	1844	5	优混煤	1861/1811	2
蒙混煤	1848/1809	3	洗精煤	1862/1812	2
神混 2	1849/1809	3	褐煤	1863/1812	4
外购 3	1850/1809	3	印尼煤	1864/1812	4
蒙混煤	1852/1809	3	神混 2	1865/1812	3
同煤	1851/1809	3	外购 2	1866/1812	3
褐煤	1846（2）	6	印尼煤	1867/1812	4
印尼煤	18097	5	印尼煤	1868/1812	4
褐煤	1844（4）	6	蒙混煤	1869/1812	3
褐煤	1853/1809	6			

（2）褐煤不容易保持空气平衡状态。

根据行标氢含量的计算公式，煤样未达到空气平衡状态，会使称取好的煤样失水，从而影响氢测定值的准确度。

样品中碳和氢含量的测定结果可直接作为空气干燥基结果报出。

氢含量的分析结果应按以下公式进行计算：

$$H_{ad} = H - 0.1119M_{ad}$$

H_{ad}：样品中的空气干燥基氢含量，%；

H：样品中的全氢含量，%；

M_{ad}：样品中的空气干燥基水分含量，%。

现场实验中发现，一般分析煤样在从制样室达到空气干燥状态装瓶后送至化验室化验的过程中，由于环境温度、湿度的改变，化验人员未及时化验，褐煤粉样空气干燥状态较其他煤种易被打破。

2. 褐煤煤样储存环境分析

由于褐煤的特性，其在空气中极易氧化变质。现使用密封袋装煤样，但袋内空气无法完全排空，导致煤样易氧化变质（图3-120）。

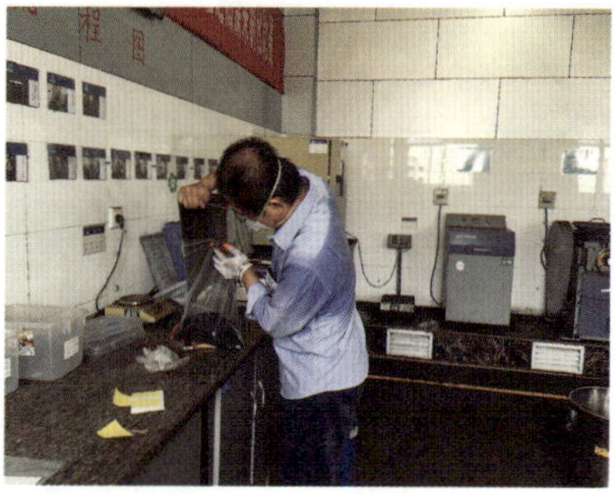

图3-120 密封袋装褐煤煤样

3. 褐煤工作曲线方面原因分析

（1）工作曲线氢值范围2.00%~5.00%，其生成点数共8点，生成工作曲线的点数太少，导致其校正系数准确度不高（图3-121、图3-122）。

（2）工作曲线点与点之间范围太大，导致校正系数精密度不高（表3-42）。

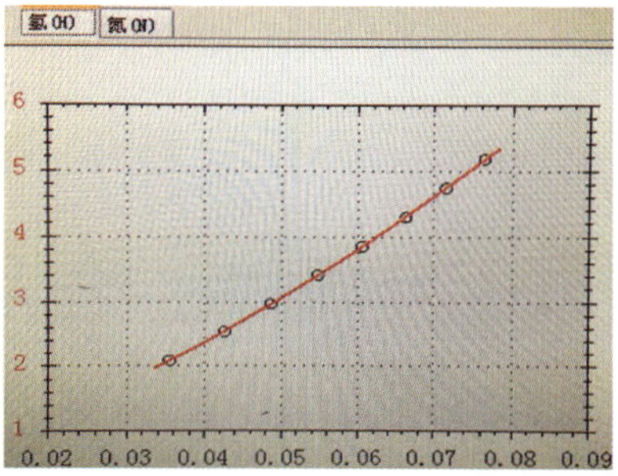

图3-121 工作曲线

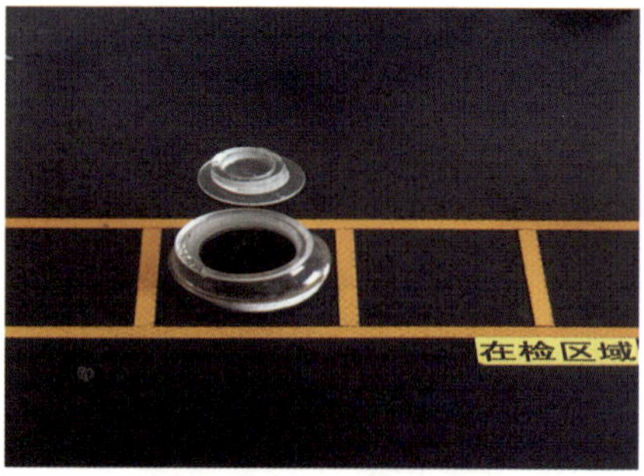

图3-122 褐煤煤样

表 3-42　褐煤工作曲线各个标定点的试验量

氢含量/%	标煤重量/mg	各点差值/%
2.00	49.0	0.42
2.42	59.5	0.42
2.86	70.0	0.42
3.30	80.5	0.42
3.74	91.0	0.42
4.18	101.5	0.42
4.62	112.0	0.42
5.00	122.5	0.42

（二）实验过程方面

碳氢氮元素分析仪的实验温度为（950±5）℃，仪器需升温1小时、恒温3小时以上，方可开始测试样品。

仪器长时间高温运行，导致仪器不稳定，影响测定的准确性。

仪器预热时间不得少于3小时，若仪器是24小时开机恒温，则不需要预热，但建议启用仪器休眠功能。

四、改善阶段

（一）褐煤方面对策实施

1. 使褐煤保持空气平衡状态的措施

称样三要求：分析大量的现场实验数据得出，化验分析样品在称量环境中保持30分钟，达到空气平衡状态；在这30分钟之内应充分搅拌煤样；开始称量时，每称完一个样品后立即将瓶盖盖上。

化验要求：测氢（H）与测空干基水分（M_{ad}）应同一时间进行称量并化验。

2. 贮存要求：存查样均应抽真空保存

存查样如图3-123所示。

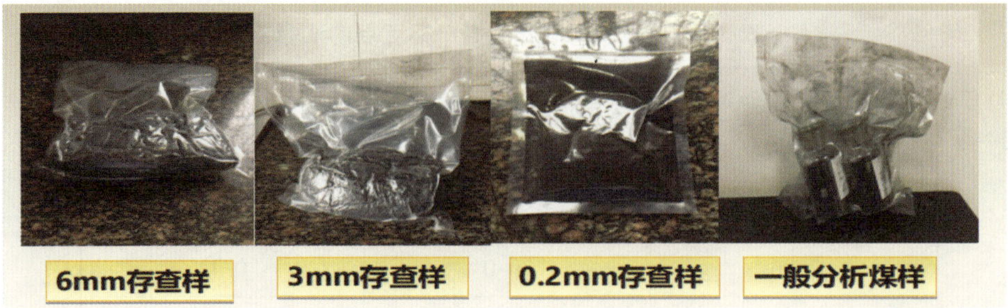

图 3－123　存查样

（二）曲线方面对策实施

（1）购置不同氢值的标煤，重新生成曲线，增加工作曲线点数，缩小曲线点与点之间的范围，提高仪器校正系数的准确度及精密度（图 3－124）。

要求：

①根据入厂煤煤源情况，分煤种生成曲线；

②选用与入厂煤氢值接近的标煤生成曲线；

③增加生成工作曲线的点数，提高校正系数的准确度和精密度。

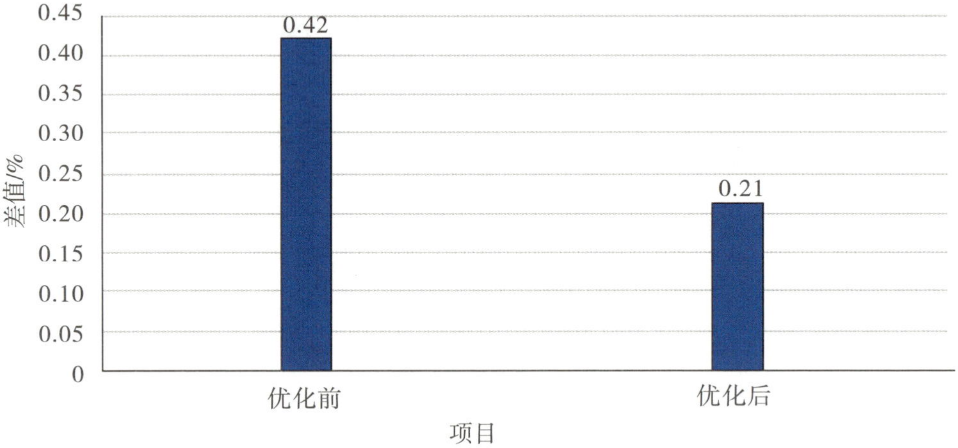

图 3－124　工作曲线点与点之间氢含量差值

（2）实验过程质量控制（图 3－125）。

样品编号	煤样重/mg	空干基氢水分M_{ad}/%	空干基氢含量H_{ad}/%	平均值/%	备注
[illegible]	47.4	3.60	4.08	4.09	
	83.0		4.05		
	117.2		4.13		
[illegible]	42.2	2.38	4.47	4.51	工作曲线有效性核验：检验结果偏差的相对限值（H_{ad}≤2.01%）标煤有效性核验值：1.49% ☑合格 ☒不合格
	75.5		4.50		
	106.9		4.56		
[illegible]	101.6	2.38	4.51	4.54	测定结果可靠性检验：测定结果落人标准值不确定范围 与标准值（4.69±0.13）差值：0.04 标煤有效性核验值：1.49% ☑合格 ☒不合格
	101.5		4.57		

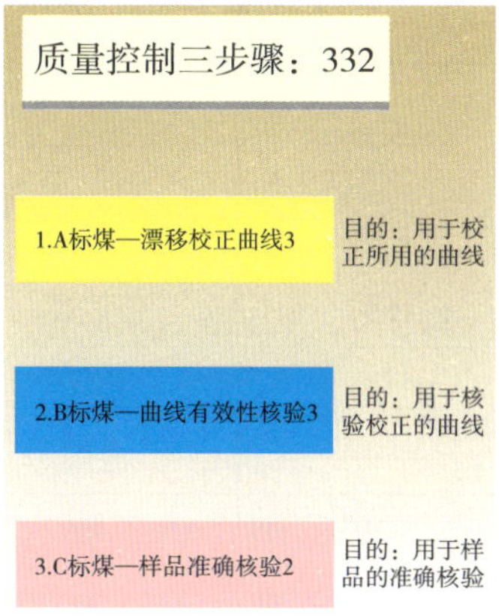

图 3－125　质量控制三步骤法

（三）实验过程方面对策实施

（1）称样时，应戴手套，防止手中水分吸附在样品上。

（2）包样时，应将密封袋内的空气完全挤压，包成水滴状。

（3）实验过程中严格控制样品个数，单次实验每测 10 个应插一个标煤样品验证其准确性。

（四）效果确认

（1）2018 年华电电科院第三季度抽样情况：抽样 3 个，其中 1 个为褐煤，抽样氢合格率 100%（表 3－43）。

表 3－43　2018 年华电电科院第三季度抽样情况

抽样编码	样品编号	煤种
201807383P003	18137－2	褐煤
201807383P011	18145－1	神华
20180838P007	18162－3	新电优煤

（2）2018 年 9 月，可门发电公司与中检公司实验室共同验收入厂煤共 9 个煤种，双方氢值测定平均差值为 0.05%，小于行业标准规定的再性限≤0.25% 的要求，不合格数为 0（表 3－44）。

表 3－44　可门发电公司与中检公司实验室共同验收情况

编号	煤种	氢值 H_d/%		差值/%
		中检公司	电厂	
1894	煤种	3.84	3.77	0.07
1897	蒙混煤	3.79	3.81	－0.02
1898	蒙煤	3.82	3.80	0.02
18101	混煤	4.08	4.05	0.03
18102	富动 83	3.98	3.88	0.10
18103	混煤	3.76	3.82	－0.06
18104	褐煤	4.60	4.45	0.15
18105	褐煤	4.86	4.69	0.17
18106	蒙煤	4.25	4.22	0.03

注：两种褐煤氢值差值分别为 0.15%、0.17%，均小于行业标准规定的再性限要求。

五、标准化

可门发电公司重新修订了测定作业指导书、操作规程、期间核查作业指导书，并形成企业标准下发执行。

图 3－126　测定作业指导书、操作规程、期间核查作业指导书等

（本案例由可门发电公司提供）

【案例 3－16】 以二维码为载体提升班组备品备件管理水平

一、课题背景

备品备件管理、运行管理和检修管理被称为设备管理的三大支柱。做好备品备件管理，不仅能减少库存资金占用，提高生产管理效益，而且是确保生产设备健康、稳定运行的重要环节。宁德电力公司是水电厂一厂两站，三地办公，仓库规模小，路途遥远。为便于生产使用，除事故备品备件外，其他备品备件通常由检修维护人员领用后放在现场仓库由班组管理，由于班组人员少，工作任务重，仓库通常不设置专职仓库管理员，所以有限的人力资源与专人管理之间的矛盾、备品备件规范管理与领用效率之间的矛盾、备品备件库存量的合理性与设备安全之间的矛盾是公司备品备件管理迫切需要解决的问题。因此，宁德电力公司全面开展精益管理，检修维护部以电气班负责管理的备品备件为试点，探讨如何提高班组备品备件管理水平。

二、诊断

（一）问题诊断

1. 运用流程分析工具进行诊断

（1）通过对盘点的管理流程进行分析可以得知，电气班每次盘点耗时约为 33 小时。其中往返时间 7 小时，占比 21.2%。因而诊断出问题一：盘点效率低。盘点过程流程分析详见图 3－127，其他流程因篇幅有限不再详述。

（2）通过对仓库巡检的管理流程进行分析可以得知，电气班进行一次完整的仓库巡检约需要 475 分钟，其中往返时间 420 分钟，巡检时间 55 分钟，往返耗时占 88.4%。因而诊断出问题二：仓库巡检效率低。

（3）以某次临时消缺通过电话审批领取事故备品备件为例，对其流程及实际耗时进行分析可以得知，备品备件的出库时间为 89～149 分钟。因而诊断出问题三：领取物资效率低。

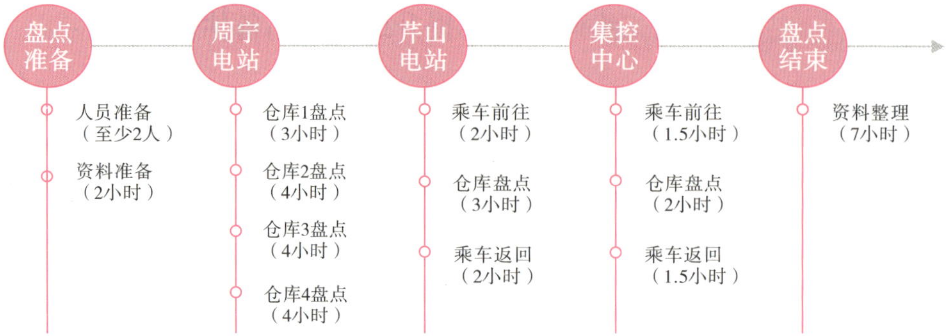

图 3-127　盘点过程流程分析

2. 现状调查

通过进行技术监督、安全评估等，发现存在以下问题：备品备件损坏，如周宁电站存放的电子板件受潮发霉，造成资金浪费；闲置备品备件占比大，造成资金浪费、仓储管理浪费。

（二）目标设定

1. 目标 1：提高工作效率

盘点时间从原来的每人 66 小时缩减到每人 7 小时；巡库时间从原来的 475 分钟缩短到 30 分钟以内，往返时间占比从原来的 88.4% 降低到 10% 以内；备品备件的出库时间从原来的 149 分钟缩减到 30 分钟以内。

2. 目标 2：减少库存浪费

库存资金占用下降 10%。

三、要因分析

对造成盘点效率低、仓库巡检效率低、领取物资效率低、库存浪费的原因进行分析，根据原因重复率，明确四点主要原因。

（一）资源未共享

（1）仓库设置分散，往返时间均在 1.5 小时以上，盘点时间中往返时间占比 21.2%，巡库时间中往返时间占比 88.4%，造成时间浪费、管理浪费。

（2）边远仓库作为公用仓库，管理责任部门设置为不在其地的检修维护部，不易操作，造成管理浪费。

(3) 备品在三地分别配置，造成备品重复，同时也增加了存储成本。

（二）管理流程不适用

电气二次专业缺陷相对较多，其备品归属事故备品管理，出库流程相对烦琐，领料时间也比较长，造成缺陷处理的时间浪费、等待浪费。

（三）备品清册定位信息不明确

备品清册分类不够详细，储备地点只有库的通用名称，盘点及查找备品时按这样的备品清册所提供的信息来查找备品，无法准确、快速定位，造成时间浪费和人力资源浪费。

（四）管理工具落后

纸质的备品清册需人工定期汇总和修改，出入库需靠记忆查找需出入库的备品位置和人工记录，实时信息只有管理员掌握，其他人无查询平台；盘点、出入库记录、采购提醒、保养到期提醒全靠人工，造成管理浪费、时间浪费、人工浪费。

四、改善

（一）制定改善措施并分析

制定改善措施并分析如表 3－45 所示。

表 3－45　制定改善措施并分析

名称	内容	分析
措施 1	资源共享，改进工作流程	1. 有限资源的共享：仓库资源有限，尤其是对存储条件要求比较高及重要的备品备件应共享； 2. 重要备品备件管理流程改进：电气二次专业重要电子板件从事故备品中分离出来，改进管理流程； 3. 人力集中：人力有限，宜将检修部电气班所辖的备品都整合到同一个地方； 4. 备品储备共享
措施 2	仓库整顿，完善备品信息	1. 完善清册定位信息； 2. 完善备品清册

（续表）

名称	内容	分析
措施3	改进管理工具，实现备品智能管理	1. 以二维码为信息载体，开发可以手机扫描二维码进行信息查询、出入库操作的App及可在电脑端生产管理信息系统中进行备品信息查询、出入库、盘点、报表打印的备品管理系统； 2. 将备品备件的信息生成二维码，打印并粘贴在货架上，取代原有的磁性物料卡； 3. 将设备（系统）的备品备件集合信息二维码，打印并粘贴在现场设备上，可以查询其相关备品备件的实时信息

（二）具体实施

1. 资源共享，改进工作流程

（1）人力资源的共享：对电气班现有仓库资源进行整合、规划、定位，将检修部电气班管理的备品都整合到周宁电站。

（2）有限资源的共享：建设专用仓库（恒温恒湿、消防设施完备、每天巡检），将存放在三地的电气二次专业重要电子板件集中管理。

（3）流程改进：

①编写元件手册（按保护、励磁、监控等系统分类），完善设备组成部件的信息；

②备品储备必要性分析；

③重新修订备品定额；

④电气二次专业重要电子板件（重要备品备件）管理流程改进。

2. 仓库整顿，完善备品信息

仓库整顿流程如图3－128所示。

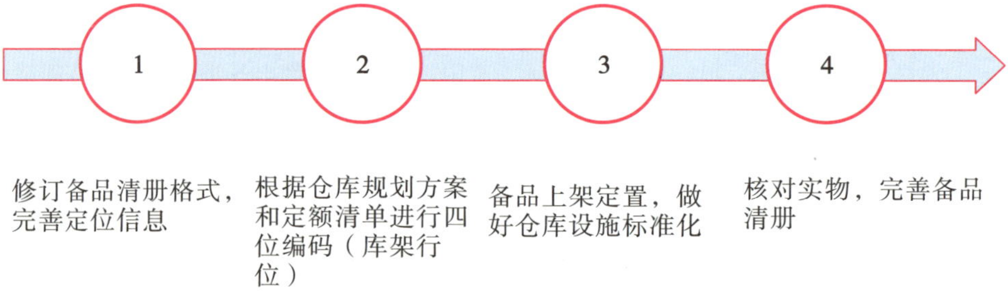

图3－128 仓库整顿流程

3. 改进管理工具，实现备品智能管理

（1）将备品备件的信息生成二维码，打印并粘贴在货架上，取代原有的磁性物料卡；

（2）以二维码为信息载体，开发可以手机扫描二维码进行信息查询、出入库操作的 App 及可在电脑端生产管理信息系统中进行备品信息查询、出入库、盘点、报表打印的备品管理系统；

（3）将设备（系统）的备品备件集合信息生成二维码，打印并粘贴在现场设备上，可以查询其相关备品备件的实时信息。

（三）实施效果

（1）重要备品备件得到统一、规范的管理。

改善前：重要备品备件分放在三个仓库，有些因存储条件不合格而损坏，仓库基础管理不到位。

改善后：重要备品备件得到统一、规范的管理。

①仓库温度保持在 20～28℃之间，相对湿度保持在 30%～70%之间；

②防尘、防潮、防静电措施完善；

③仓库定期巡检。

（2）电气二次专业重要电子板件出库流程简化，减少管理浪费和时间浪费。

（3）库存浪费减少（表 3－46）。

表 3－46　库存改善前后情况

序号	项目	改善前	改善后	节约资金/万元	方法
1	闲置备品	库存：150 件	库存：0 件	30	闲置备品予以报废
2	库存过多的备品（如监控系统上位机显示器、通用电源头、动力柜综合表等）	库存：50 件	定额/库存：5 件	15	以消耗库存为主，不再定额

（续表）

序号	项目	改善前	改善后	节约资金/万元	方法
3	两站同型号备品（如监控系统、调整器系统、线路保护的元器件等）	定额：30 件	定额：15 件	15	合并储备
4	闲置通用型备品（容易买到的备品，重要性不强，使用率不高）	库存：78 件	定额：0 件	10	以消耗库存为主，不再定额
5	新技改设备的备品	定额：55 件	定额：20 件	18	备品定额不再追求大而全，而是综合分析缺陷概率（历年缺陷部件数据、厂家经验建议）和设备安全性（设备双重化配置程度、缺陷后果）来定

（4）备品清册中的定位信息明确，有助于提高巡检、盘点、查物料的效率（图 3－129）。

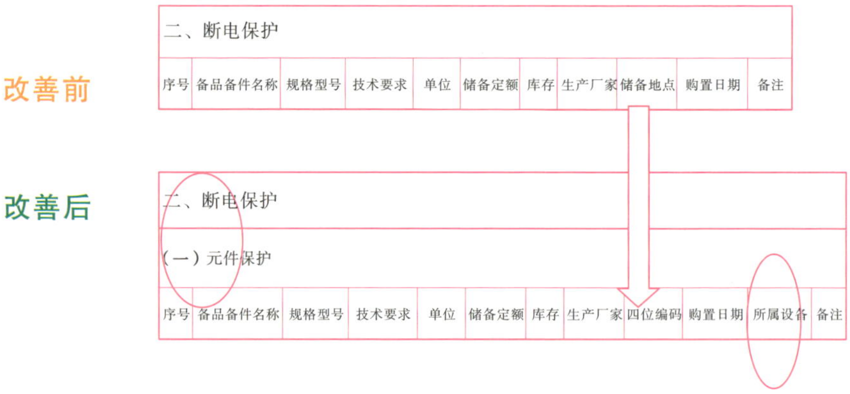

图 3－129　备品清册改善前后对比

（5）双向查询，定位迅速。

使用二维码标签代替磁性物料卡：

①信息量更丰富。库存数量、入库时间、入库人等信息用手机或专用的手持机扫一扫二维码就可以获知。

②避免了磁性物料卡磁性不够容易变位、掉落的尴尬。

③二维码标签成本低，操作简便。将数据输入数据库后，就可以轻松打印出来，二维码标签在人工成本、材料成本上比磁性物料卡也更有优势。

④在备品管理系统的“备品备件编码”菜单中输入关键字，即可查找到相关备品的四位编码，迅速定位。

⑤在进行现场巡检或缺陷处理时，也可通过扫描设备二维码获知其相关备品的信息。

⑥出入库流程化，管理更规范。数量自动变更，维护更轻松。

⑦自动盘点生成报表，库存报警、保养提醒等功能大大减轻管理人员的工作量。

改善前：备品备件设置红黄绿告警区域，需人工现场查看备品是否需要计划采购（图3－130）。

改善后：备品备件管理系统会按照预先设置的报警值自动向相关管理员、监督员发送通知。此外，备品备件管理系统还设置了保养到期提醒、盘点管理、报表生成等功能，大大减轻了管理人员的工作量。

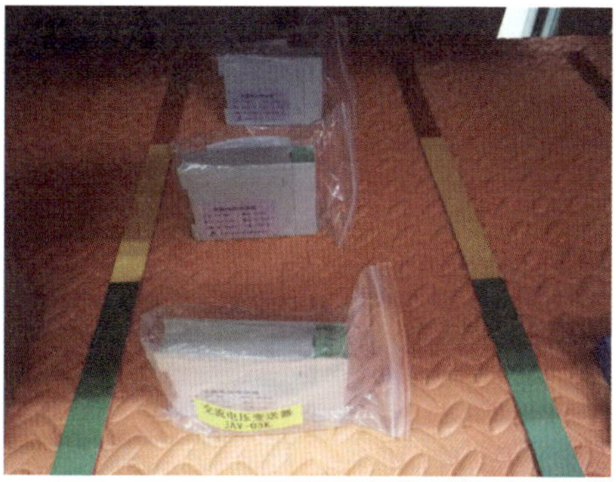

图3－130　红黄绿目视化警告

（四）目标确认

1. 工作效率提高，目标1实现

改善前：盘点时间每人66小时，出库时间2.48小时，巡库时间7.92小时。

改善后：盘点时间每人7小时，出库时间0.5小时，巡库时间0.5小时。

2. 库存资金占用下降25.1%，目标2实现

电气班备品备件2018年原预计库存占用资金达到350万元，经过改善，库存占用资金减少了88万元，下降了25.1%。

（五）效益评价

1. 有形效益评价

（1）清理库存，减少占用资金和维护成本，为下一阶段备品采购提供依据，减少重复购置，节约费用约88万元。

（2）备品备件可靠性提高。本次受潮或落灰的板件约10件，进行处理检查后移交到专业仓库储存，节约共4.5万元。通过本次活动，生产管理人员进一步掌握了现有备品状况，查漏补缺，改善储存环境，同时也改进了管理方法，如让技术监督网成员分专业管理备品备件，既提高了备品备件可靠性，也提高了运行设备安全运行的可靠性。

（3）节省工时产生的效益：每年节约盘点成本2.1万元，巡库成本1.03万元（按每人日工资为100元，每月盘点一次、巡库一次，加上交通费用来计算）。

2. 无形效益评价

通过开展这次精益管理活动，宁德电力公司对电气备品进行了全面的盘点整顿，提高了设备的健康可靠性；应用先进的管理工具，改善了班组人员的工作条件，减轻了工作量，提高了工作效率，使班组人员切实感受到了精益管理带来的好处。

五、标准化

（一）巩固措施

管理标准化情况如图3-131所示。

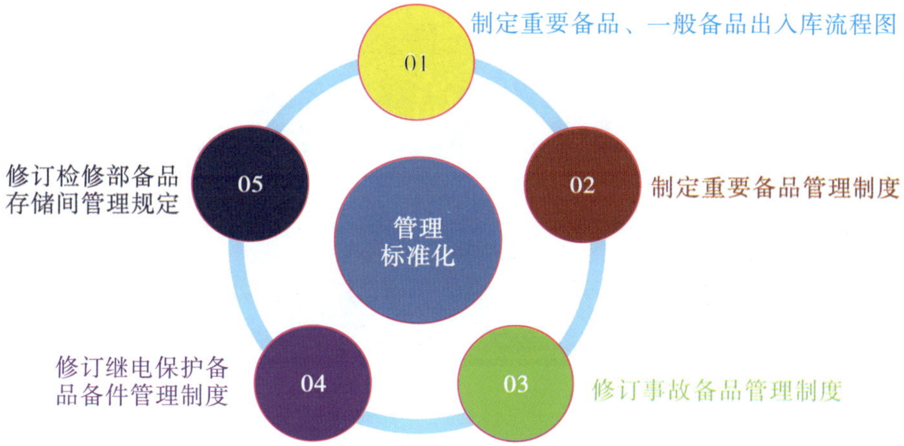

图 3－131　管理标准化情况

（二）巩固期效果及推广应用

实施巩固措施后，备品管理水平得到提升，仓库管理得到规范。

（本案例由宁德电力公司提供）

市场营销篇

2015 年，中央印发《中共中央　国务院关于进一步深化电力体制改革的若干意见》（中发〔2015〕9 号），启动新一轮电改。按照“管住中间、放开两头”的体制架构，有序放开除输配电以外的竞争性环节电价，改变电网企业统购统销电力的现状。从电力市场建设、电力交易机构组建、售电侧改革推进、发用电计划放开等方面全方位深化电力体制改革，电力市场化交易规模不断扩大，电力现货市场试点有序推进，发电企业上网电价形成机制改革，推动发电企业从计划经营模式向市场竞争模式转变。国家四部委联合提出持续推进电力市场化改革，继续推动降低一般工商业电价，这意味着电力体制改革将不断深化，发电企业传统的电力市场营销模式已不能适应新市场环境的要求，发电企业需要积极应对电力体制改革，用精益管理思想推动市场营销创新和转型。

第一章　电力市场现状分析

一、福建省电力体制改革进展情况

2016 年 8 月国家批复福建省开展售电侧改革试点，2017 年 8 月国家把福建省列为电力现货市场试点，福建省政府及相关职能部门出台了《福建省电力市场交易规则（试行）》《福建省售电市场监管办法（试行）》等 10 个关于福建省售电侧改革的配套办法，标志着售电侧改革试点工作全面进入实质性的操作阶段。自开展试点工作以来，福建省先后启动电力市场中长期、跨省跨区、发电权、现货市场以及辅助服务市场等电力市场交易，“十三五”期间，市场化交易电量由 2015 年的 248 亿 kW·h 攀升到 2020 年的 957 亿 kW·h，增长了将近 3 倍。随后福建省电力体制改革向纵深推进，电力现货市场实行连续结算，推进用户进入现货市场，中长期交易带负荷曲线运行，华东电网备用辅助服务市场等正式启动。福建省电力市场呈现出多品种和全天候实时报价的特点。

二、华电福建公司市场营销现状

（一）区域电力营销协作进一步提升

深入研究电改政策，积极顺应电力体制改革的浪潮，改变市场营销资源分散、协同作战能力弱的局面。成立运营报价中心，负责区域全部电力市场化交易；成立能源销售公司，负责区域零售市场开拓、售电业务开展，巩固零售市场份额；管理发电企业以销定产，全面负责安全生产工作，确保售电量能全部履约；指导供电企业做好用户的用电质量和优质服务管理，探索智能、高效的综合服务模式。打造运营报价、售电公司、发电企业、供电企业“四位一体”的市场营销新体系。

（二）供热精益管理进一步深化

强化火电企业“以热促电、电热互保、提质增效”目标，将供热精益管理作为火电企业提质增效的抓手，通过“供热双提升”、供热经营查评和劳动竞赛等多种形式，查找供热经营管理问题，并狠抓整改落实，有效提升供热板块效益贡献度，强力推动火电企业转型升级、长效经营和高质量发展。整合区域供热专家队伍，组建供热经营专班，“一企一策”做好供热发展规划、招商和市场拓展工作。强化专家互动交流，建立横向学习对标机制，建立健全贴近市场的市场化运营机制，全面加强热费风险防控，进一步提升客户服务和品牌意识。

（三）营销人才队伍建设进一步加强

牢固树立人才是第一资源的理念，企业竞争就是人才竞争，知识就是力量，人才就是未来。电力公司要在电力市场竞争中走在前列，必须在生产经营实践中发现人才，在市场营销活动中发现人才、培育人才、凝聚人才，大力培养造就规模适当、结构合理、素质优良的复合型市场营销人才梯队，把人才资源开发放在电力市场化改革最优先的位置，改革人才培养、引进和使用等机制。努力造就一个政治意识强、业务能力精、作用好的坚强市场营销人才团队。

第二章　发电企业市场营销的精益管理措施

一、政策研究及争取

电力企业在电力市场营销中，要时刻了解市场的发展状态，做好市场跟踪研究，深入剖析各种政策、规则背后的意义，主动与政府相关部门沟通，促进有利于发电企业的政策落地。

（1）深入研究国家、地方政府和电力监管机构出台的有关电力销售的各种法律、法规、政策、办法、交易规则等，分析电力市场化体制改革的发展趋势，发电企业需提前制订应对策略，把握主动权。

（2）研究分析国内外电力市场规则、政策，积极参与省级电力市场交易规则的制定、修编，及时指出不利于发电企业的市场规则漏洞，从政策源头上为发电企业争取有利空间。

（3）研究电价核定机制，根据发电企业所处的特殊地理位置，争取特殊电价，同时争取政策电量。

（4）研究供热政策，向政府主管部门争取足额“热电联产”、发电利用小时等优惠政策。

二、电量管理方面

电量管理是指宏观政策研究、电力供需形势分析预测、市场信息收集、市场政策争取、电量争取和落实、考核评价等相关管理工作。

电量管理工作要按照计划编制、督导落实、考核评价等流程环节实施标准化管理和全过程监督，确保发电量指标达到区域可比先进水平，实现整体经营效益最优。福建公司负责所辖区域电量工作的统一管理，建立以市场为导向的电量工作协调机制。

福建公司根据本区域经济发展、电力供需形势和电力市场形势，编制年度发电量计划建议报告和年度电力市场交易方案，明确全年电量工作的总体目标和工作思路，提出全年电量工作计划、开展的重点工作内容、采取的主要工作措施；发电企业应同步编制年度发电量计划建议报告和年度电力市场交易方案，上报福建公司。福建公司将华电集团下达的发电量执行计划按照区域效益最优的原则逐月分解到各基层企业。发电企业根据下一阶段电力供需形势，结合次月跨省跨区送受电量、市场交易电量、水电来水和设备检修等情况综合分析，在保证全年发电量计划完成进度以及年度发电量计划月度分解目标的基础上，编制次月发电量计划并上报福建公司。福建公司在审核次月发电量计划时，要确保不低于区域“三同”，同时落实好华电集团下达的经济运营优化方案。

福建公司组织所辖基层企业要加强与地方政府和电网企业的沟通和协调，全力争取电量指标，不断提高市场份额。电量指标争取包括计划电量、市场电量、政策电量的争取。计划电量指政府电力主管部门和电网企业下达的年度计划电量和年度调整计划电量、按统一原则分配的电量。市场电量指政府电力主管部门、电力监管机构以及电网企业组织的市场化交易电量，主要包括跨省送电、电力直接交易、发电权交易等市场化电量。政策电量指政府电力主管部门组织的计划外专项政策电量，主要包括电煤考核奖励电量、超低排放奖励电量、供热奖励电量等其他计划外电量。

电量争取工作主要做好以下三个方面：

（1）计划电量的争取工作：发电企业要研究计划电量分配原则，提高计划电量份额，努力争取较高的计划电量正偏差。发电企业要加强与调度中心的沟通和协调，机组发生异常停运时，尽可能减免非计划停运考核电量。关停机组要落实补偿政策，争取电量指标，做好电量指标替代工作。发电企业要对年度计划电量和年度计划调整电量的争取情况进行分析，研究争取计划电量的策略和方法。

（2）市场电量的争取工作：福建公司根据发电企业的装机规模、机组结构、市场影响力等不同特点，组织制定差异化的市场竞争策略，提高向市场、向用户要电量的能力，积极抢占市场，扩大市场份额。发电企业要加强对市场电量成本测算方法的研究，结合实时成本和微增能耗等经济指标对市场电量成本进行测算，力求准确反映市场电量成本。各售电公司、发电企业在福建公司的统一指导下，合理确定优质电力用户，积极开拓用户资源，争取更多的市场电量，确保市场电量占比达到或超过装机占比。

（3）政策电量的争取工作：发电企业要研究政策，挖掘发电企业特殊条件、特殊贡献等政策题材，积极向政府电力主管部门申报，争取更多政策奖励电量。发电企业要充分利用政策优势，保持有利的电量政策延续，进一步提高政策电量的额度。福建公司要根据各发电企业的特性及实际情况，为各发电企业提供有利资源并指导争取政策电量。

发电企业要做好电量指标的落实和兑现工作。做好电网分月电量计划的争取和落实工作，以日保月、以月保年，确保完成已争取到的全年电量指标。保证利用小时达到或超过区域“三同”水平，电量计划完成率达到或超过区域平均水平。要加强对发电设备检修和电网设备检修等影响因素的分析，有计划地做好电量计划的争取和落实工作，减少设备检修对电量计划进度的影响。若发生设备故障和其他不可预见的突发事件影响电量计划的情况，要制订追赶电量的措施。设备故障导致停机时间较长，或影响电量确定无法在本年内追回的，要提前开展发电权交易，优先在公司系统内部进行电量转移，争取将电量损失降到最低。

三、经济运营管理方面

经济运营管理是指在遵循国家法律、法规、政策，满足安全、环保、经济等各种约束条件的前提下，研究分析国家及省内经济发展形势、电力和燃料市场供需形势，结合福建公司资产分布、电源结构和发电特点，按照以效定电、以销定修、以电定煤的生产运营管理机制，合理安排发电运行方式，科学制定经济运营发电策略，统筹优化火电、水电、风电、太阳能发电的顺序、发电时机和电量替代，加强行业对标，挖掘竞争要素潜力，有效降低发电成本，提升企业经济效益。

发电企业以市场为导向，按照坚持动态管理、过程控制、效益优先的原则，围绕能发电、多发电、发好电的目标，研究制定本单位经济运营年度优化方案。根据月度分解计划和市场电量争取情况，分析机组边际贡献差异，编制机组启停机顺序表、月度机组运行方式组合和发电设备运行负荷调整方案。

福建公司根据发电企业类型采取不同的管理措施。

（1）火电企业统筹制定市场交易策略，提高高电价机组的市场份额，提升火电整体收益。以效益最大化为原则开展电量替代和转移工作，向成本低、能耗低、效率高的机组转移，提高度电边际贡献。按照“煤电协同”发电策略的要求，与电网调度部门加强沟通，优化检修时机和检修工期，提高低煤价、低煤耗时段的火电机组电量比重。做好除尘、脱硫、脱硝等环保设备的运行管理，达到超低排放控制指标要求，避免因环保原因造成环保电价考核。

（2）水电企业加强与电网调度部门的沟通协调，做好来水预测，统筹考虑来水、检修、市场、电价、生态流量等各方面因素，优化水电运行方式，开展梯级电站联合优化调度和水位优化控制管理，充分发挥龙头水库蓄丰补枯的调节作用，提升发电量，减少发电计划偏差考核。

（3）风、光发电企业科学开展风、光功率预测，做好内部调度及运行方式优化，加强设备运行维护，提升设备性能指标，避免发生弃风、弃光损失，减少发电计划申报考核和新能源出力偏差考核。

（4）认真研究区域调峰、调频市场需求，总结季节性、节日性以及日夜间的负荷规律，针对不同时段优化运行方式，制定辅助服务调峰、调频市场交易报价策略，提高辅助服务收益；加强“两个细则”管理，争取多补偿、少考核。

四、电价管理方面

电改的深入，煤机基准电价机制、非水可再生能源电价补贴退坡机制、抽水蓄能两部制电价机制的相继建立，各类配套的电价政策的密集出台，给福建公司的经营发展带来了新的思考和应对空间。同时，省内电力市场化电量比重逐年上升，交易电价受政策和市场因素的影响越来越大。电价是发电企业的生命线，电价管理要深入研究电价形成机制，积极分析并及时应对新的电价政策和市场动态，积极争取有利的电价；同时强化电费回收过程管控，防控市场化电费结算风险，维护并提升福建公司的竞争力和可持续盈利能力。

（1）根据电价形成机制测算新建、改扩建项目电价，开展新建、改扩建项目电价申报和争取工作。收集与发电成本变化相关的数据和信息，测算变化趋势和幅度，向政府电价主管部门争取电价优惠政策。

（2）监控售电边际贡献的变化情况，审核电力交易价格水平，编写市场交易报价预案，审核内容涉及电价的各类合同、协议。

（3）研究电价政策，制订年度销售电价计划，建立电价台账。统计电热价格指标，组织电价对标，建立电热价数据台账，编写电热价分析材料。

（4）建立和完善公司系统电价（费）、营销统计报表等管理制度，并组织实施；指导、检查基层单位执行制度情况，提出优化建议。建立和完善公司电价（费）管理激励机制，评价基层单位电价（费）工作成效，实施考核。

（5）指导基层单位开展电费结算和催收工作，统计电费指标，建立电费回收数据台账，编写电热费分析材料，制定电费回收措施以完成电费回收率目标。

（6）组织对电价数据定期分析，开展周、月、年等营销综合对标工作，编制对标分析报告，分析对标落后的原因并提出改进措施。

五、供热管理方面

推动供热业务发展，实现以热促电、电热互保，开拓供热市场、提升供热板块效益贡献度是火电企业提质增效的抓手、转型升级的动力、长效经营和高质量发展的保障。供热营销要深入市场、园区和用户，强化供热量、价、费等多项重要指标管控，多措并举，全面推进供热板块产能释放。

（1）收集热力市场信息，编制年度热量建议计划综合报告，为年度预算提供依据。

（2）编制和下达基层单位年度热量计划，分解和滚动调整月度执行计划，落实年度热量指标。

（3）指导基层供热单位与工业园区沟通，维护良好热用户客户关系，开拓热力市场。

（4）掌握热用户供热需求变动情况，收集供热需求数据，分析规律变化情况，对异常情况提出解决措施，指导基层供热单位优化热力系统的运行方式。

（5）组织开展年度供热经营查评工作，参与华电集团优秀供热企业评选。

（6）统计供热指标，建立供热数据台账，编写供热分析材料，组织福建公司系统召开供热相关工作会议。

（7）研究热价政策，测算供热成本，核定和调整售热价格，制订年度销售电热价计划，建立热价台账。

（8）统计热费回收率指标，建立热费数据台账，编写电热费分析材料，指导基层单位开展热费结算和催收工作，制定回收措施以完成热费回收率目标。

六、现货市场方面

（1）通过学习国内外现货市场的先进实例经验，梳理出福建区域现货市场的后续发展路径，分析各类路径实施方案的优劣，积极推动现货制度朝有利于发电企业方向制定，组织各基层单位、售电公司做好应对市场预案。

（2）推进电力市场交易辅助决策系统的建设，防控、预测市场风险。整理现有的交易工具和策略，在此基础上整合和开发新的系统，利用信息化管理工具，更加科学、准确地预判成本和市场的变化，以应对更加多变的电力市场环境，减少人为因素造成的误判和计算偏差导致的风险带来的影响。

（3）组建专业化的营销队伍。培养既熟悉电力市场交易规则，具备金融财务知识，又了解电网运行规律、电网阻塞特性等的电力市场交易人员。

七、辅助服务市场方面

（1）通过组织课题研究，推动辅助服务市场管理精益化。通过研究国内外辅助服务市场规则及市场出清机制，结合本身规则，制定出适合各基层单位的策略，以福建公司利益最大化为原则，提高收益。

（2）建立激励机制，结合福建公司市场营销部绩效考核机制，根据各电源品种参与市场的特点，制定辅助服务考核指标，促进各单位加强管理，提高辅助服务市场收益。

（3）重视培训交流，福建公司市场营销部专门组织开展辅助服务课程，向基层企业分管领导和市场营销人员介绍福建省辅助服务市场规则，详细讲述辅助服务交易的要点。同时，利用工作例会、专业会议等多种场合，组织各基层企业互相交流经验，共同提高辅助服务管理水平。

（4）深入挖掘机组深度调峰能力，开展性能试验和优化，通过优化现有的运行方式和调整手段提高现役机组低负荷调峰能力，加大设备维护力度，确保参与调峰交易的机组完成调峰任务，取得更多调峰交易费用。

（5）积极探索内陆电厂转型发展道路。明确内陆火电厂机组“电量型”加“调节型”定位，争取与高校或者电科院等单位合作开展机组灵活性改造、储能服务市场研究等，提高现有机组参与辅助服务市场的能力。

第三章　市场营销精益管理实践应用

【案例 3－17】 电量目标与辅助服务管理精益化

一、诊断

（一）选题背景

厂部层面：在如今的电力市场格局下，火电竞争越发激烈，自 2017 年第四季度以来，可门发电公司经营形势严峻，受高煤价、辅助服务效益差等方面的影响，可门发电公司试图通过管理降耗、技术降耗来实现电量目标与电量管理精益化。

部门层面：电量是衡量电力企业效益的核心指标，同时也是发电部生产运行、经营管理等各方面工作管理水平的综合体现，其优劣直接影响电厂的整体经济效益。因此，加强发电部电量管理，降低电量方面的损耗，有利于提高电厂的整体经济效益。

电量增发管控层面：在电量增发管控上，发电部还存在值长抢发电量主动性与时机、运行方式、机组限负荷、深度调峰等方面的管理问题，致使电量指标未能达到最佳状态，因此优化部门电量管理结构迫在眉睫。

（二）指标诊断

可门发电公司 2017 年负荷情况如表 3－47，分析如下：

（1）2017 年年度电量约为 111 亿 kW·h，与标杆电量有一定差距，可改善。

（2）全年负荷低于日前与日内计划曲线天数较多，其中低于日前计划曲线天数 193 天，全年 365 天，占比 52.8%，还有很大提升空间。

（3）全年月实际发电量低于月计划发电量共有 8 个月，改善空间大。

表 3－47　可门发电公司 2017 年负荷情况

指标名称	完成情况	标杆	目标
年度电量/（亿 kW·h）	111.4206	117	可以改善
低于日前计划曲线天数/天	193	0	可大幅减少
低于日内计划曲线天数/天	134	0	可以改善
月实际发电量低于月计划发电量月数/月	8	0	可大幅减少

（三）课题目标

（1）控制每日负荷高于日前或日内计划曲线，月实际发电量高于月计划发电量，实现超额完成年度电量目标（图 3－132）。

（2）在发电量相同的情况下提高辅助服务经济效益。

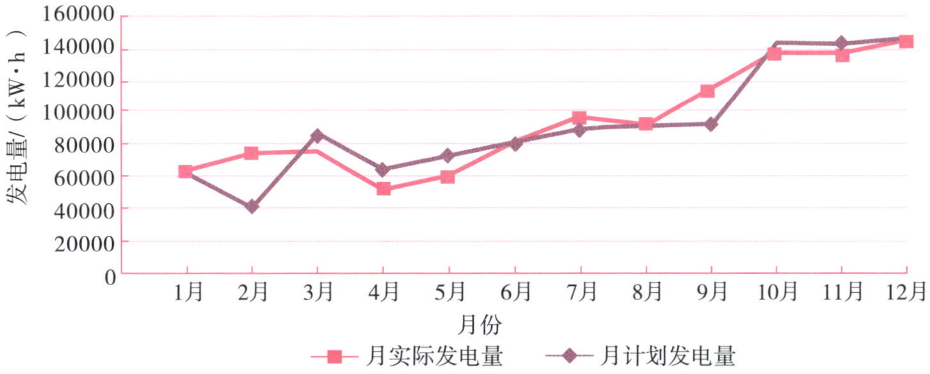

图 3－132　2017 年月实际发电量与月计划发电量对比

二、分析

（一）历史数据分析：2017 年度班组负荷率分析

当班值长抢发电量主动性、积极性与值长当值期间抢发电量时间点合理性在很大程度上影响机组全年负荷率（图 3－133）。

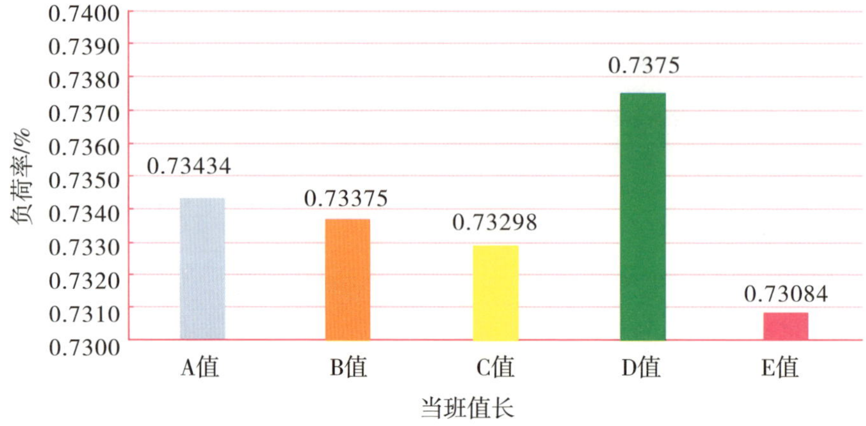

图 3－133　2017 年班组平均负荷率

（二）历史数据分析：抢发电量次数比对

当班期间各值长抢发电量次数不一样，主动性不一致，对电量的影响也不同（图 3－134）。

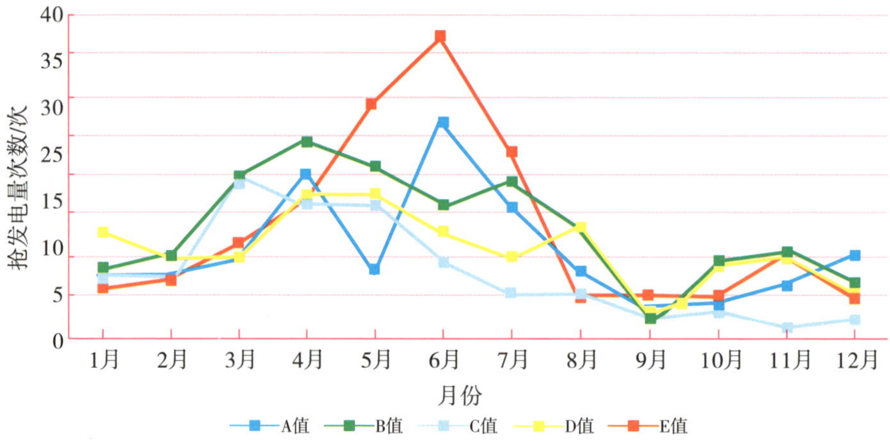

图 3－134　各班组抢发电量积极性

（三）历史数据分析：向省调申请电量

2017 年集控 A 值 7 月共申请负荷 23 次，只有 10 次成功，这与值长申请负荷的时间点把握不当有直接关系。

（四）抢发电量情况问卷调查

抢发电量情况问卷调查统计如表 3－48 所示。

表 3－48　抢发电量情况问卷调查统计

调查项目	A 值	B 值	C 值	D 值	E 值
主动申请负荷意愿	强烈	一般	一般	强烈	一般
与福建省电力调度中心沟通是否顺畅	时间紧张	沟通正常	沟通正常	沟通正常	沟通正常
是否是新上岗值长	是	否	否	否	是
抢发电量奖励分配是否有优化空间	有	有	有	有	有
抢发电量时间点是否有考虑	无	有	有	有	有
是否关注实际负荷与目标负荷偏差	经常关注	一般关注	一般关注	经常关注	一般关注

对比上述调查结果发现：

（1）B 值、C 值、E 值抢发电量主动性不强；

（2）电量奖励金分配都不尽合理，有待优化；

（3）A 值新值长对抢电量时间点把握不合理，多次申请负荷不成功；

（4）B 值、C 值、E 值对负荷偏差关注度不高，没有按＋2% 偏差带负荷。

（五）历史数据分析：机组历史事件分析

机组历史事件分析如表 3－49 所示。

表 3－49　机组历史事件分析

序号	机组名称	事件起始时间	事件终止时间	事件状态	事件持续小时/h	降低出力/MW	等效小时/h	补充说明
1	1 号机组	2017－06－22 09：33	2017－06－30 00：00	FR	182.45			1 号机组调停准备小修

（续表）

序号	机组名称	事件起始时间	事件终止时间	事件状态	事件持续小时/h	降低出力/MW	等效小时/h	补充说明
2	1号机组	2017－06－30 00：00	2017－07－20 00：00	P02	480			1号机组C级检修
3	1号机组	2017－07－20 00：00	2017－09－27 23：59	IACT	1679.98			1号机组小修配合节能升级环保超低排放改造
4	1号机组	2017－12－07 08：29	2017－12－08 00：55	IPD	16.43	300	8.22	一次风机动叶故障停运
5	2号机组	2017－09－24 08：29	2017－09－24 13：16	U01	4.78			机头右侧高调门处大量漏油并冒烟，安排退出2号机组供热
6	3号机组	2017－02－19 23：18	2017－04－20 23：18	P01	1440			3号机组大修
7	3号机组	2017－04－20 23：18	2017－06－03 09：10	FR	1041.87			3号机组大修，配合节能升级环保要求进行超低排放改造
8	4号机组	2017－03－02 06：17	2017－03－02 18：16	U01	11.98			4号机组负荷340MW，因汽机轴振大跳闸
9	4号机组	2017－09－25 14：48	2017－09－25 19：40	IPD	4.87	120	0.97	4D磨煤机爆机故障检查，向省调申请4号机组降至480MW，得到批准

在对2017年度机组历史事件进行分析时发现，设备故障问题导致机组限负荷，对本台机组发电量造成影响的情况时有发生。

（六）历史数据分析：机组负荷安排合理性

从表 3－50 中可以看出，各值对各机组负荷安排得不一致，对经济效益影响很大，应进行改善。

分析表 3－50 可以发现，启用深度调峰后，在相同电量下，可门发电公司多了一份深度调峰的收益。深度调峰投用 5 个月来，总收益约 335 万元，收益可观，应积极投入。

投用 5 个月来，AGC 调用补偿总额约为 169 万元，未投运 AGC 的在运机组均需要分摊 AGC 调用费用。可见 AGC 调用补偿收益可观，应提高各值投运 AGC 的积极性。

2018 年 2 月、3 月深度调峰服务违约金考核合计约为 68 万元。经发电部各值长积极申请免考核后，投用 5 个月来，深度调峰服务违约金考核总额约为 4 万元。说明各值长应及时申请免考核，减少被考核的量。

表 3－50　负荷对经济效益的影响

单位：元

时间	1 号机组	2 号机组	3 号机组	4 号机组	汇总
2017 年 11 月	1777145.35	666439.13	－1913669.37	－1199409.32	－669494.2
2017 年 12 月	2190464.87	1839100.33	－1183184.59	－698924.25	2147456.4
2018 年 1 月	683773.6	762030.02	－675681.12	88720.4	859751.9
2018 年 2 月	498633.66	1181086.98	－726162.39	0	953558.25
2018 年 3 月	708992.27	39733.63	－568854.39	－114366.16	65505.35
深度调峰总收益					3356777.7
2017 年 11 月	35883.75	99573.31	0	60909.38	196366.44
2017 年 12 月	12980.39	6415.92	0	12775.38	32171.69
2018 年 1 月	176535.83	219929.11	0	48677.77	445142.71
2018 年 2 月	64607.49	471923.96	30089.6	0	566621.05
2018 年 3 月	179763.93	190413.68	3301.22	79410.04	452888.87
AGC 调用补偿					1693190.76
2017 年 11 月	10097.43	11318.53	0	2723.21	24139.17

（续表）

时间	1号机组	2号机组	3号机组	4号机组	汇总
2017年12月	4573.66	2635.23	0	2177.33	9386.22
2018年1月	2178.09	4743.76	0	1165.26	8087.11
2018年2月	0	0	0	0	0
2018年3月	701.56	0	0	0	701.56
深度调峰服务违约金					42314.06
2017年11月	0	0	0	0	0
2017年12月	0	0	0	0	0
2018年1月	0	0	0	0	0
2018年2月	265851.11	106376.7	7317.01	0	379544.82
2018年3月	156577.76	91996.93	32395.76	19722.21	300692.66
深度调峰服务违约金考核原始值					680237.48

（七）历史数据分析：机组运行方式

从表3－51中可以看出：在运机组负荷率总体不高，前三个月平均负荷率71.43%；四个月平均负荷率67.53%，应进行改善。

结合这四个月的机组运行台数进行分析，扣除大环境影响后，应考虑是否可以优化运行机组台数。

表3－51　机组运行方式历史数据

时间	一台机组运行天数/天	两台机组运行天数/天	三台机组运行天数/天	四台机组运行天数/天	在运机组负荷率/%	月度总电量/（kW·h）
2017年1月	0	30	1	0	71.54	64251
2017年2月	0	3	21	4	79.70	74588
2017年3月	0	10	21	0	63.05	75586
2017年4月	0	30	0	0	55.84	49050

（八）历史数据分析：AGC 下机组响应速度

对比 2017 年 10 月下旬各机组 AGC 投运时的响应速度（图 3－135）发现，各值在安排投运 AGC 机组时，考虑较不周全。向值长了解后得知：部门有要求各值投运 AGC 时要考虑各机组状态，但并未明确具体要求。

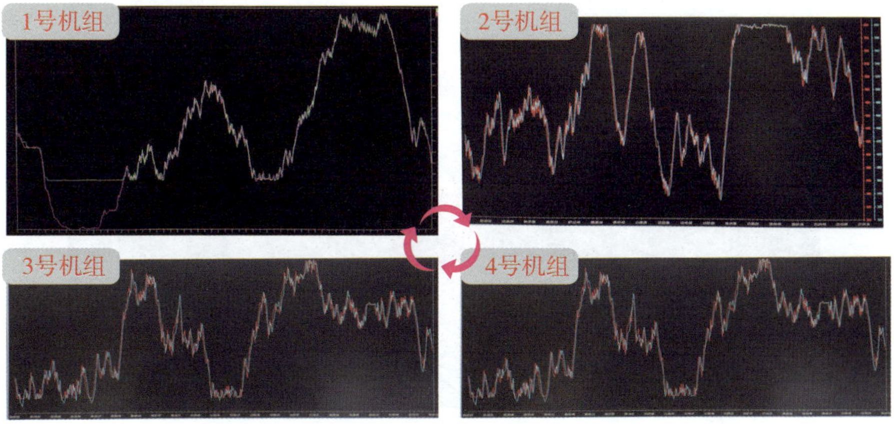

图 3－135　各机组 AGC 投运时的响应速度

（九）历史数据分析：AGC 下机组响应速度分析

对 1 号机组至 4 号机组每日 08：00—16：00AGC 投运情况进行对比，负荷情况如表 3－52 所示。

表 3－52　四台机组 AGC 投运时负荷情况

AGC 投运时间	1 号机组	2 号机组	3 号机组	4 号机组
08：00—16：00 总负荷量	次之	最多	最少	次之
AGC 投运时升 150MW 所需时间/分钟	50	60	40	48
AGC 响应速度	较慢	较慢	最快	较慢

（十）历史数据分析：各机组投运 AGC 顺序

2017 年 6 月 1 日 12:40，福建省电力调度中心令投运一台 AGC，安排 1号机组投运 AGC。13:20，1 号机组因振动大，短时间内申请退出 AGC 三次。福建省电力调度中心同意1号机组退出 AGC，改投运 4 号机组。事后调查发现，1号机组主值反馈投运 AGC 时各参数波动大，调整压力大，所以投运 AGC 的意愿不强（图 3－136）。

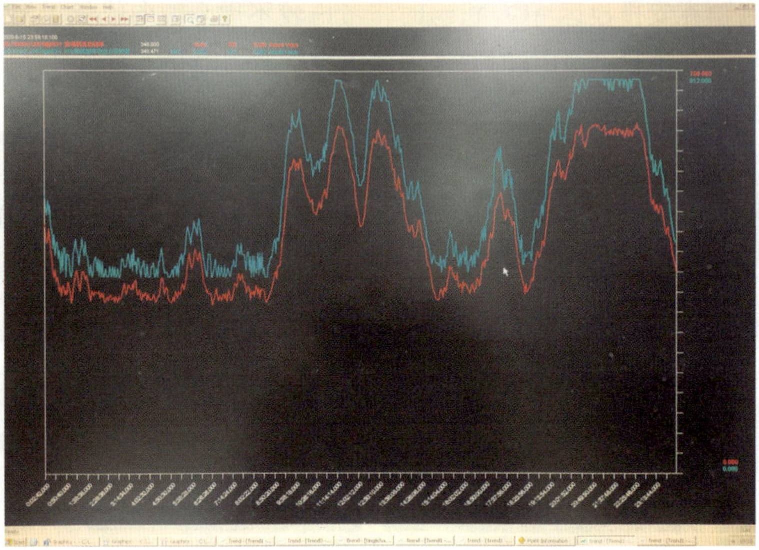

图 3－136　1 号机组投运 AGC 时参数波动大

分析结果：

（1）每台机组投运 AGC 时的响应速度不一样，投运后总体负荷量也不一样；

（2）投运 AGC 时应考虑机组缺陷的影响；

（3）各主值投运 AGC 主动性不强；

（4）上级部门未对哪台机组投运 AGC 给予明确指导意见，应进行改善。

（十一）要因确认

（1）值长抢发电量主动性、积极性不足，抢发电量时间不合理；

（2）设备故障问题导致机组限负荷；

（3）机组负荷安排不合理；

（4）机组运行方式不合理；

（5）机组投运 AGC 顺序不合理；

（6）机组参与深度调峰与投运 AGC 积极性不强。

三、改善

（一）针对值长抢发电量积极性、主动性不足的对策

（1）对新上岗值长加强培训；

（2）跟踪负荷变化趋势，加强与福建省电力调度中心沟通；

（3）生产指标奖励增设“电量之星”。

（二）针对值长抢发电量时间不合理的对策

（1）机组 AGC 运行时，如系统在大幅度升负荷，电厂 AGC 机组负荷不升反降，应及时联系省调福建省电力调度中心改口令，升负荷后再投运 AGC。

（2）早高峰和晚高峰后，系统大幅度降负荷，及时按福建省电力调度中心要求降负荷，形成良好的上下级关系与合作关系。

（3）凌晨机组升负荷，错开 LNG 及水电机组升负荷时间后，及时向福建省电力调度中心申请本厂升负荷，避免频繁申请，造成不良影响。

（4）下半夜低谷阶段严格按深度调峰曲线带负荷，提高辅助服务收益。

（三）设备故障问题导致机组限负荷

造成厂内限负荷的主要因素有六大风机、制粉系统、汽泵组、浆液循环泵设备故障以及环保参数异常，最容易造成限负荷的因素为制粉系统、浆液循环泵设备故障及环保参数异常。

（1）选择缺陷的处理时机非常重要，一般安排在负荷低谷期间进行制粉系统或其他对负荷影响较大的缺陷的消缺工作。

（2）当有很多缺陷造成限负荷时，值长应电话汇报福建省电力调度中心，争取按全厂总负荷带负荷，避免被调度考核。

（3）限 50% 负荷的设备消缺，尽量采取夜间向福建省电力调度中心口头申请低谷消缺的方式，消缺时间尽可能不影响白班升负荷。

（4）机组负荷率不高时，通过调配机组间负荷进行消缺；机组负荷率高，甚至连夜间也无法降负荷消缺时，如设备能坚持运行，则及时更换煤种，确保热值、硫分、灰分能满足消缺要求，影响机组负荷的消缺工作必须统筹安排。

各类故障问题申请单如图 3－137 所示。

图 3－137 各类故障问题申请单情况

（四）提高机组负荷安排合理性

下面对应表 3－53 的提高机组负荷安排合理性措施，举个例子。

（1）2018 年 4 月 2 日 E 值：11：30 福建省电力调度中心令全厂出力降 150MW，安排 3 号、4 号机组分别降至 530MW、520MW。12：05 福建省电力调度中心令出力降 100MW，安排 3 号、4 号机组分别降至 480MW、470MW。

（2）2018 年 4 月 3 日 D 值：22：52 福建省电力调度中心令全厂负荷降 100MW，安排 3 号、4 号机组负荷均降至 550MW。

（3）2018 年 4 月 7 日 C 值：11：36 福建省电力调度中心令总负荷降 150MW，安排 3 号、4 号机组分别降至 520MW、530MW。

（4）2018 年 4 月 12 日 B 值：23：45 福建省电力调度中心令总负荷降 150MW，安排 3 号机组降至 550MW，4 号机组降至 500MW。

表 3－53 提高机组负荷安排合理性

机组	负荷/MW			
	250	300	450	600
	煤耗/（g·kW^{-1}·h^{-1}）			
1 号机组	314.52	306.32	305.96	302.60
2 号机组	315.03	311.87	305.91	301.75

（续表）

机组	负荷/MW			
	250	300	450	600
	煤耗/（$g \cdot kW^{-1} \cdot h^{-1}$）			
3 号机组	313.06	312.04	302.86	298.21
4 号机组	315.02	306.89	304.39	297.59

负荷段机组安排顺序：	3 号	4 号	3 号	4 号
	1 号	1 号	4 号	3 号
	4 号	2 号	2 号	2 号
	2 号	3 号	1 号	1 号

（五）提高机组运行方式合理性

提高在运机组负荷率方法：营销、生技、发电部门做好全网负荷情况分析，安排好启机、停机。从表 3－54 中可以看出，2018 年在运机组负荷率较 2017 年同期更高，前三个月平均达 81.9%，这既有大环境的影响，也与厂里主动调整运行机组数量、提高负荷率有较大关系，所以机组效率有所提高。

表 3－54　改善前后对比

改善前						
时间	在运机组负荷率/%	月度总电量/(kW·h)	一台机组运行天数/天	两台机组运行天数/天	三台机组运行天数/天	四台机组运行天数/天
2017 年 1 月	71.54	65251	0	30	1	0
2017 年 2 月	79.70	74588	0	3	21	4
2017 年 3 月	63.05	75586	0	10	21	0
2017 年 4 月	55.84	49050	0	30	0	0

（续表）

改善后						
时间	在运机组负荷率/%	月度总电量/(kW·h)	一台机组运行天数/天	两台机组运行天数/天	三台机组运行天数/天	四台机组运行天数/天
2018 年 1 月	84.11	128640	0	0	18	13
2018 年 2 月	79.80	86519	0	9	19	4
2018 年 3 月	81.78	105352	0	5	25	1

（六）提高机组投运 AGC 顺序合理性

积极投运 AGC：生技部考虑对投运 AGC 的机组给予适当的奖励，提高各值投运 AGC 的积极性。

确定 AGC 投运顺序：根据四台机组负荷分配、机组缺陷、深度调峰及安控切机之间的影响因素确定 AGC 投运顺序。

2018 年年初 AGC 投运时间较 2017 年底翻倍增长，经营效率提高（表 3－55）。

表 3－55　改善前后对比

单位：小时

改善前					
AGC 投运时间	1 号机组	2 号机组	3 号机组	4 号机组	汇总
2017 年 10 月	36	193	0	49	278
2017 年 11 月	36	60	0	20	116
2017 年 12 月	17	4	0	14	35
改善后					
AGC 投运时间	1 号机组	2 号机组	3 号机组	4 号机组	汇总
2018 年 1 月	144	187	0	0	331
2018 年 2 月	37	395	39	0	471
2018 年 3 月	173	198	3	75	449

（七）机组参与深度调峰

（1）优先安排1号、2号机组投深度调峰，4 号机组投安控切机，3 号机组为供热机组不参与深度调峰。

1 号机组有分级省煤器，适当控制吹灰，即可保障 210～600MW 负荷段投脱硝。深度调峰时优先安排此机组调峰。

2 号机组投深度调峰时，在白天时段应控制吹灰，可保障 210～600MW 负荷段投脱硝。

3 号机组为供热机组，最低负荷为 390MW。

4 号机组投安控切机，不参与深度调峰。

（2）机组安控切机投运方式：

两台机组运行时，优先安排 3 号机组投安控切机；3 号、4 号机组运行时，优先安排 3 号、2号机组或 3 号、4 号机组投安控切机；这样可以保障1号机组及时参与深度调峰，提高经营效益。

实际案例：

以1号机组 2018 年 2 月 3 日参与深度调峰为例，夜间降到低负荷参与深度调峰后，白班调度又安排高于计划曲线带负荷，全天总负荷与计划曲线相差不大。说明应主动积极参与深度调峰，提高经济性。

（八）机组负荷分配、AGC 投运顺序、深度调峰三者关系权衡

机组负荷分配、AGC 投运顺序、深度调峰三者关系权衡如图 3－138 所示。

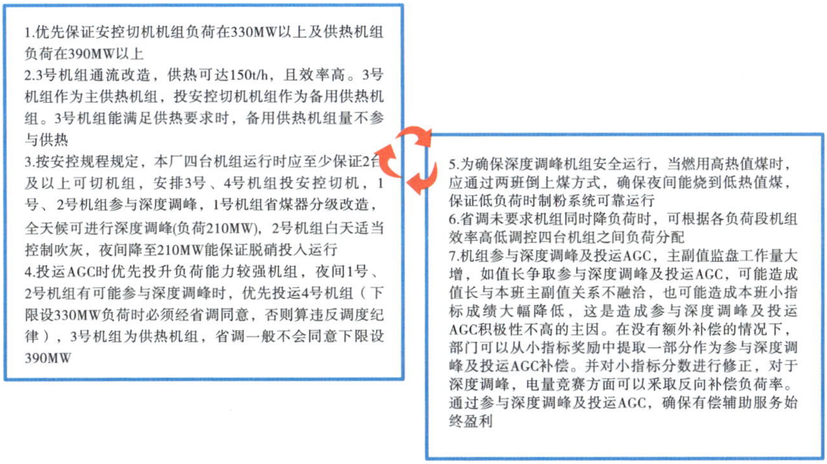

图 3－138　机组负荷分配、AGC 投运顺序、深度调峰三者关系权衡

（九）综合效益

2018 年上半年发电量累计高达 63.0577 亿 kW·h，较 2017 年同期增长 36.67%，可门发电公司扭亏为盈，实现利润 1626.76 万元。

四、标准化——电量管理标准化

鼓励值长努力做到早发、多发，每班实时对照计划曲线，主动与调度员沟通协调升负荷，低谷参与深度调峰时严格按负荷曲线进行调峰，并在生产奖励管理办法中增加电量指标竞赛奖励，增设“电量之星”荣誉并给予相应奖励。

（本案例由可门发电公司提供）

【案例 3－18】 创新水电企业营销策略

一、售电改革背景

（一）福建省近十年电力改革历程

福建省近十年电力改革历程如图 3－139 所示。

图 3－139　福建省近十年电力改革历程

（二）棉花滩水电公司参与交易情况

2016—2019 年棉花滩水电公司参与交易情况如图 3－140 所示。

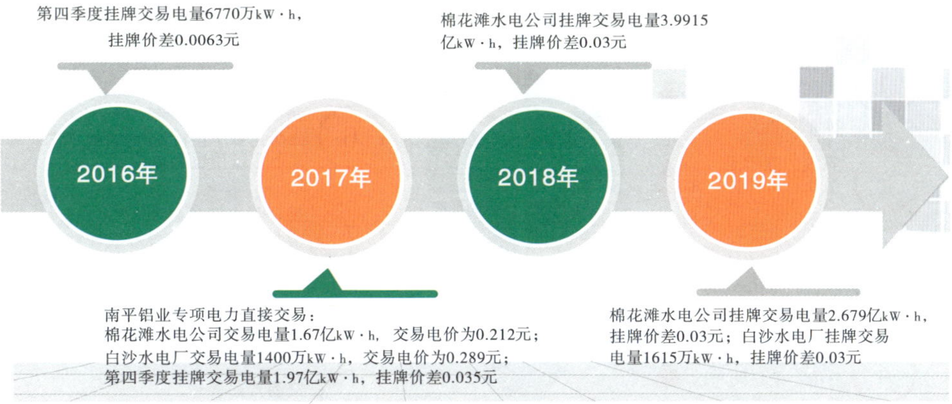

图 3－140　2016—2019 棉花滩水电公司参与交易情况

二、诊断

没有签约售电量原因分析如图 3－141 所示。

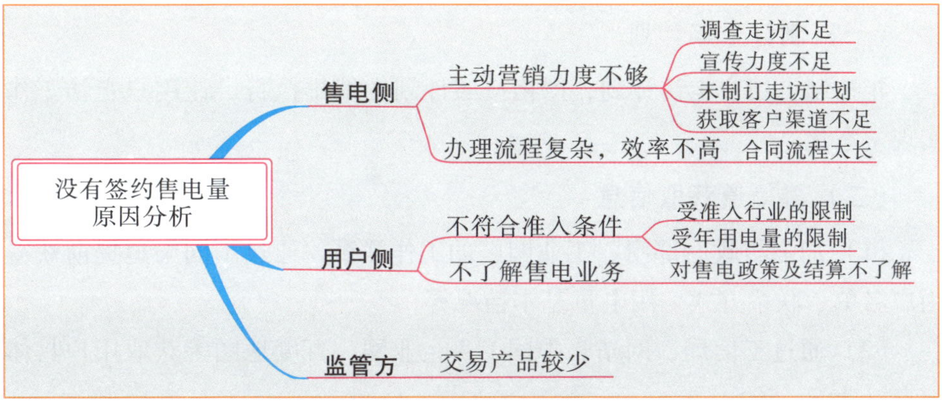

图 3－141　没有签约售电量原因分析

三、分析

通过分析，确认要因有 9 个方面，如图 3－142 所示。

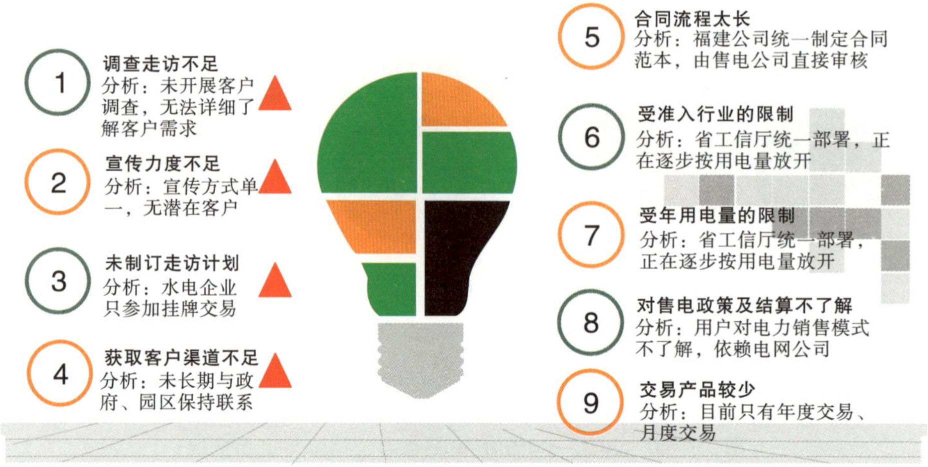

图 3－142　要因分析

四、改善

（一）制订全年计划

年初制订用户走访计划，严格按照计划的编排执行，让用户走访工作实现常态化。

（二）多渠道获取信息

（1）加强与政府部门、工业园区的工作联系，通过不同渠道提前获得用户名单、联系方式、用电量基本情况等；

（2）通过工信局、网站、中国 114 企业网、百度地图等获取用户具体信息（表 3－56）。

表 3－56　客户调查情况表

序号	公司	地址	年用电量/（kW·h）	调查方式	联系人	电话
1	福建××新材股份有限公司	福建省龙岩市	16431	拨打电话	饶××	—
2	福建上杭××铜业有限公司	福建省龙岩市	21874	实地走访	钟××	—

（续表）

序号	公司	地址	年用电量/（kW·h）	调查方式	联系人	电话
3	福建××机械科技有限公司	福建省龙岩市	7789	拨打电话	赖××	—
4	龙岩××木业有限公司	福建省龙岩市	23016	拨打电话	罗××	—
5	福建××汽车股份有限公司	福建省龙岩市	5951	拨打电话	吴××	—
6	龙岩××有限公司	福建省龙岩市	12460	拨打电话	沈××	—
7	龙岩市××水泥有限公司	福建省龙岩市新罗区	4914	拨打电话	刘××	—
8	福建××纺织有限公司	福建省龙岩市	8851	拨打电话	江××	—
9	××实业（福建）水泥有限公司	福建省龙岩市	99346	拨打电话	黄××	—
10	福建××科技有限公司	福建省龙岩市	7590	拨打电话	罗××	—
11	龙岩××新能源股份有限公司	福建省龙岩市新罗区	7700	拨打电话	苏××	—
12	武平县××矿业开发有限公司	福建省龙岩市	8080	拨打电话	黄××	—
13	龙岩××电子有限公司	福建省龙岩市	12047	拨打电话	肖××	—
14	福建××工贸有限公司	福建省龙岩市上杭县	11634	拨打电话	张××	—
15	福建省××科技股份有限公司	福建省龙岩市武平县	33373	拨打电话	曾××	—
16	福建××矿业有限公司	福建省龙岩市永定区	6413	拨打电话	王××	—
17	龙岩××建筑工程有限公司	福建省龙岩市永定区	360	拨打电话	廖××	—
18	龙岩市永定区××石材有限公司	福建省龙岩市永定区	150	实地走访	李××	—
19	龙岩市永定区××石材有限公司	福建省龙岩市永定区	180	实地走访	范××	—
20	龙岩市永定区××石业有限公司	福建省龙岩市永定区	150	实地走访	吴××	—

（续表）

序号	公司	地址	年用电量/(kW·h)	调查方式	联系人	电话
21	龙岩市永定区××石材贸易有限公司	福建省龙岩市永定区	130	实地走访	王××	—
22	龙岩市永定区××石材有限公司	福建省龙岩市永定区	130	实地走访	赖××	—
23	龙岩市永定区××石业有限公司	福建省龙岩市永定区	70	实地走访	许××	—
24	龙岩××石材有限公司	福建省龙岩市永定区	250	实地走访	陈××	—
25	龙岩市××建材有限公司	福建省龙岩市永定区	800	实地走访	邱××	—
26	福建××电子有限公司	福建省龙岩市永定区	3535	拨打电话	易××	—
27	福建省××制造有限公司	福建省龙岩市永定区	1081	拨打电话	候××	—
28	龙岩××煤矿有限公司	福建省龙岩市新罗区	10500	拨打电话	郭××	—
29	福建××山泉水有限公司	福建省龙岩市永定区	762	拨打电话	林××	—
30	龙岩市永定区××玻璃有限公司	福建省龙岩市永定区	7000	拨打电话	罗××	—

（三）用户分类走访

（1）根据用户的地理位置、用电类型、用电量、偏差情况进行分类，分析用户等级，安排走访计划（表3－57）；

表3－57　电量营销工作精益化管理计划表

课题名称	电量营销工作精益化管理		
实施部门	发展营销部	课题负责人	张××
现状概要	1．电量营销工作计划未纳入总体工作计划		
	2．电量年度计划及月度计划的管理不规范、不完善		
	3．电量争取及运营协调工作未形成机制		

（续表）

课题名称	电量营销工作精益化管理
具体实施计划	1. 电量营销计划纳入公司工作计划
	2. 加强与政府部门、工业园区的工作联系，通过不同渠道提前获得用户名单、联系方式、用电量基本情况等
	3. 根据用户的地理位置、用电类型、用电量、偏差情况进行分类，分析用户等级，安排走访计划
	4. 通过电话联系、实地拜访、节日短信问候等方式走访客户，条件成熟一个签订一个
	5. 充分发挥企业的自身优势，通过投资方、政府部门、合作单位等直接对接优质的重要客户
	6. 加大力度宣传水电企业的优势，包括新能源企业可提供“绿证”，给予价格优惠等
	7. 根据用户需求，定期向用户推送用电咨询报告，科学用电，减少浪费
	8. 申报研发微信小程序、手机 App 等软件，实现实时用电监测，掌握用户负荷变化情况
预期达成目标或成果	1. 明确目标：完成售电签约 1 亿 kW · h
	2. 通过对市场信息、电量计划及营销工作进行全过程管理，建立科学、高效的电量营销工作管理体系

（2）通过电话联系、实地拜访、节日短信问候等方式制订走访方案，条件成熟一个签订一个；

（3）充分发挥企业的自身优势，通过投资方、政府部门、合作单位等直接对接优质的重要客户。

（四）提升业务能力

（1）每月定期组织营销人员学习政策、法规、电力改革文件、交易规则等，提升个人理论水平；

（2）营销人员积极参与售电公司的日常业务学习，熟练掌握长协交易、月度竞价、偏差调整等业务。

（五）加大宣传力度

（1）加大力度宣传水电企业的优势，包括新能源企业可提供“绿证”，给予价格优惠等；

（2）通过短信、微信、公众号等新媒体平台，定期宣传福建公司的企业优势、服务优势。

（六）提供增值服务

（1）根据用户需求，定期向用户推送用电咨询报告，科学用电，减少浪费；

（2）寻求第三方共同合作，为用户提供设备用能分析、电能消耗监测等增值服务；

（3）申报研发微信小程序、手机 App 等软件，实现实时用电监测，掌握用户负荷变化情况。

（7）开展“手拉手”活动（图 3－143）：2019 年 11 月 5 日，在市工信和科技局与永定区工信和科技局的支持下，棉花滩水电公司举办用户专场见面会。会上成功签约用户 7 家。

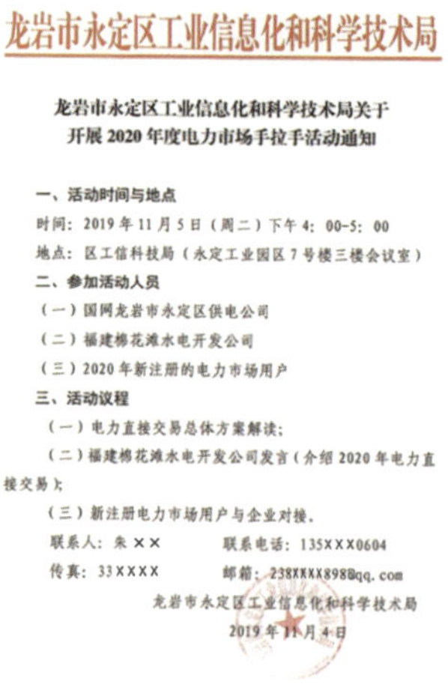

龙岩市永定区工业信息化和科学技术局

龙岩市永定区工业信息化和科学技术局关于
开展 2020 年度电力市场手拉手活动通知

一、活动时间与地点

时间：2019 年 11 月 5 日（周二）下午 4：00-5：00

地点：区工信科技局（永定工业园区 7 号楼三楼会议室）

二、参加活动人员

（一）国网龙岩市永定区供电公司

（二）福建棉花滩水电开发公司

（三）2020 年新注册的电力市场用户

三、活动议程

（一）电力直接交易总体方案解读；

（二）福建棉花滩水电开发公司发言（介绍 2020 年电力直接交易）；

（三）新注册电力市场用户与企业对接。

联系人：朱 ×× 联系电话：135×××0604

传真：33×××× 邮箱：238××××898@qq.com

龙岩市永定区工业信息化和科学技术局

2019 年 11 月 4 日

图 3－143 开展“手拉手”活动

五、成果

1. 交易电量完成情况

完成签约用户 9 家，完成签约电量 1.8 亿 kW·h（图 3－144）。

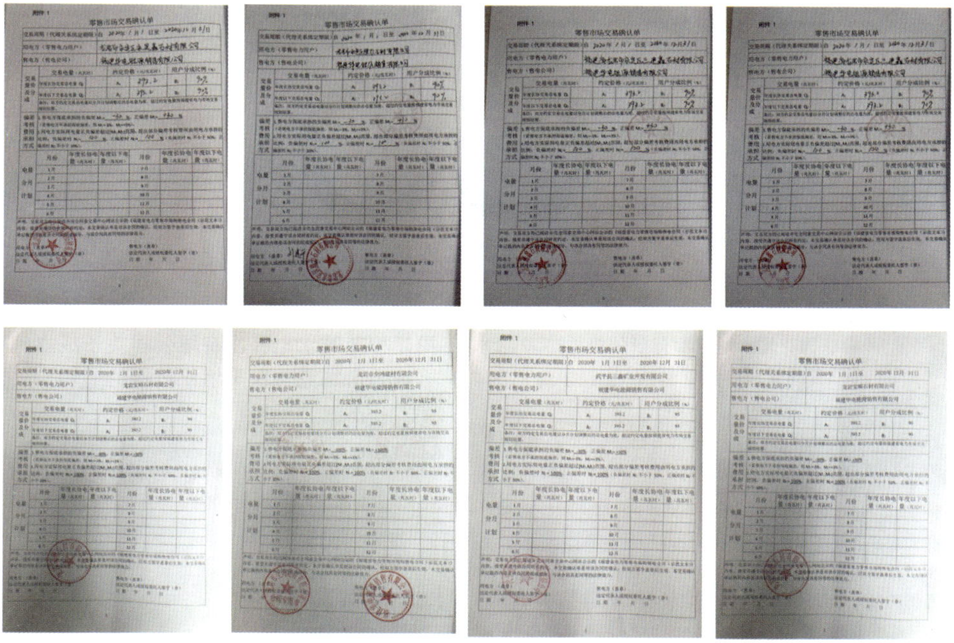

图 3－144　与部分用户签约情况

2. 增加边际效益

（1）增加 1.8 亿 kW·h，在扣减月度竞价等短期交易后，可为 240 万家火电企业多争取年利用小时数约 50h。

（2）根据火电企业的度电边际贡献，按保守 0.1 元/（kW·h）计算，可实现利润约 1200 万元。

3. 实行流程标准化

标准化内容如图 3－145、图 3－146 所示。

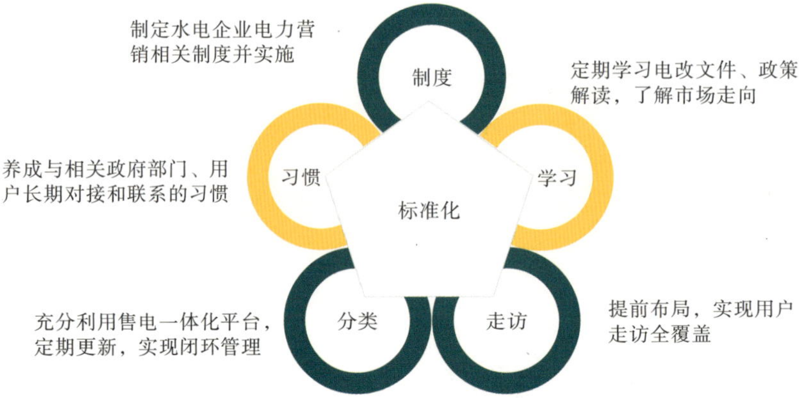

图 3－145　标准化内容

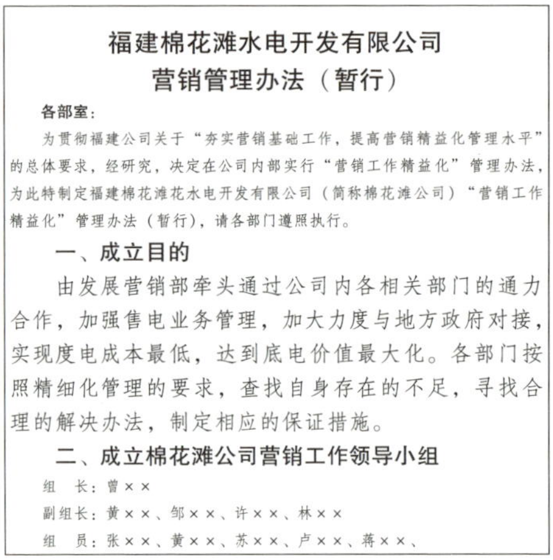

福建棉花滩水电开发有限公司
营销管理办法（暂行）

各部室：

为贯彻福建公司关于“夯实营销基础工作，提高营销精益化管理水平”的总体要求，经研究，决定在公司内部实行“营销工作精益化”管理办法，为此特制定福建棉花滩花水电开发有限公司（简称棉花滩公司）“营销工作精益化”管理办法（暂行），请各部门遵照执行。

一、成立目的

由发展营销部牵头通过公司内各相关部门的通力合作，加强售电业务管理，加大力度与地方政府对接，实现度电成本最低，达到底电价值最大化。各部门按照精细化管理的要求，查找自身存在的不足，寻找合理的解决办法，制定相应的保证措施。

二、成立棉花滩公司营销工作领导小组

组　长：曾××

副组长：黄××、邹××、许××、林××

组　员：张××、黄××、苏××、卢××、蒋××、

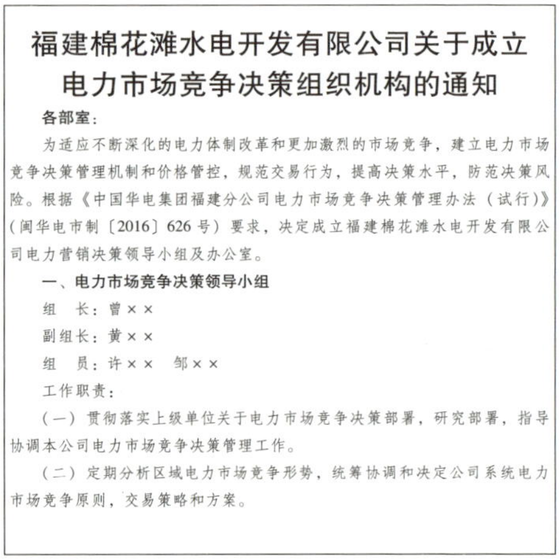

福建棉花滩水电开发有限公司关于成立
电力市场竞争决策组织机构的通知

各部室：

为适应不断深化的电力体制改革和更加激烈的市场竞争，建立电力市场竞争决策管理机制和价格管控，规范交易行为，提高决策水平，防范决策风险。根据《中国华电集团福建分公司电力市场竞争决策管理办法（试行）》（闽华电市制〔2016〕626 号）要求，决定成立福建棉花滩水电开发有限公司电力营销决策领导小组及办公室。

一、电力市场竞争决策领导小组

组　长：曾××

副组长：黄××

组　员：许××　邹××

工作职责：

（一）贯彻落实上级单位关于电力市场竞争决策部署，研究部署，指导协调本公司电力市场竞争决策管理工作。

（二）定期分析区域电力市场竞争形势，统筹协调和决定公司系统电力市场竞争原则，交易策略和方案。

图 3－146　管理办法

（本案例由棉花滩水电公司提供）

【案例 3－19】　减少水电及新能源偏差考核费用

国家能源局福建监管办公室于 2017 年 7 月 26 日印发《福建省电力辅助服务（调峰）交易规则（试行）》（闽监能市场〔2017〕107 号），该文件规定了电力企业参与调峰交易和电量偏差考核的具体要求，即在计费周期内当电厂日前计划出力和实际出力偏差大于 3% 时，按偏差电量的 10% 进行考核。规则实施以来，金湖电力公司电量偏差考核费用居高不下，影响了电厂效益。

在电力企业开展提质增效的大背景下，金湖电力公司以精益管理为抓手，将减少水电及新能源偏差考核费用作为精益课题进行研究。

一、现状诊断

金湖电力公司下属的良浅、大言、孔头、范厝、高唐电厂分别为金溪梯级第二、第三、第五、第六、第七级水电厂（图 3－147）。各厂之间水力联系紧密，上游任何一级电厂机组出力调整都会对下游电厂的发电安排产生明显影响，造成电量偏差。

图 3－147　金湖电力公司梯级电站

在课题开展之前各梯级水电厂实际出力与发电计划存在较大偏差，如图 3－148至图 3－152 所示。

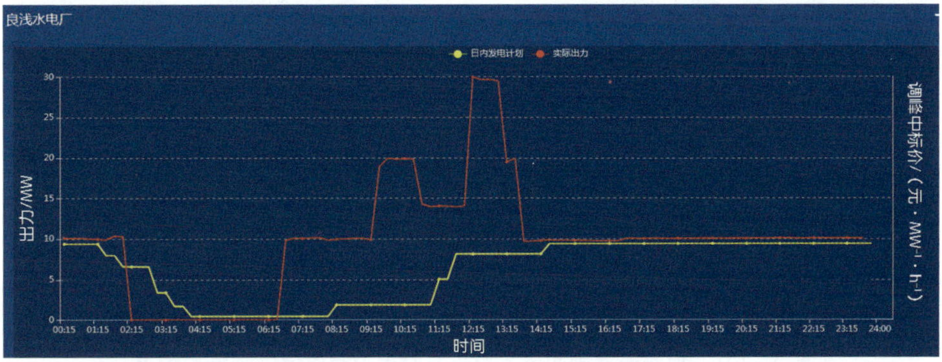

图 3－148　课题开展前良浅水电厂实际出力与发电计划偏差情况

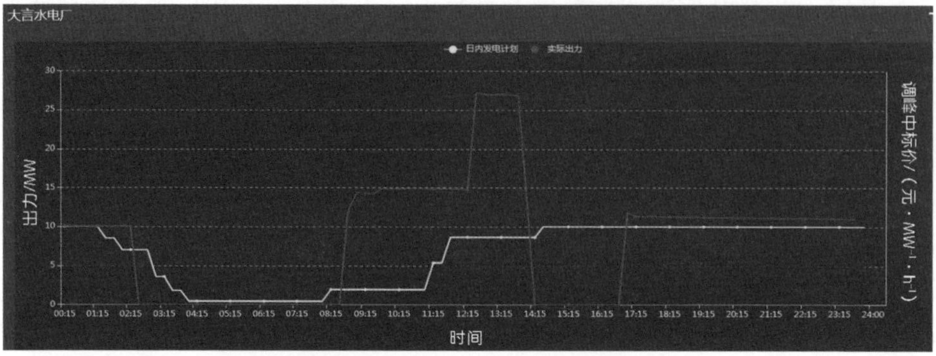

图 3－149　课题开展前大言水电厂实际出力与发电计划偏差情况

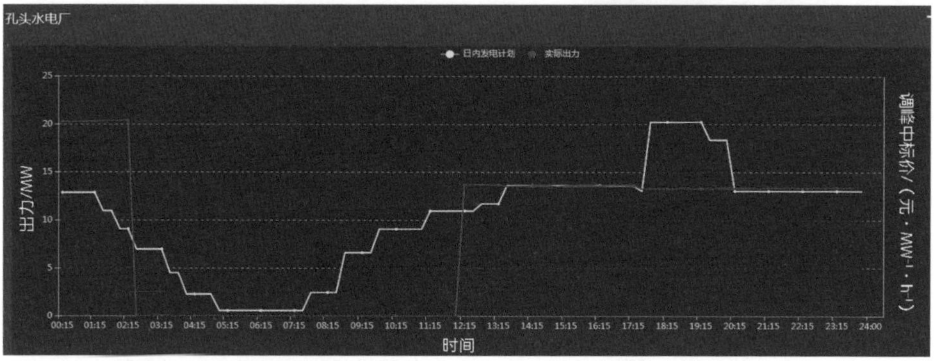

图 3－150　课题开展前孔头水电厂实际出力与发电计划偏差情况

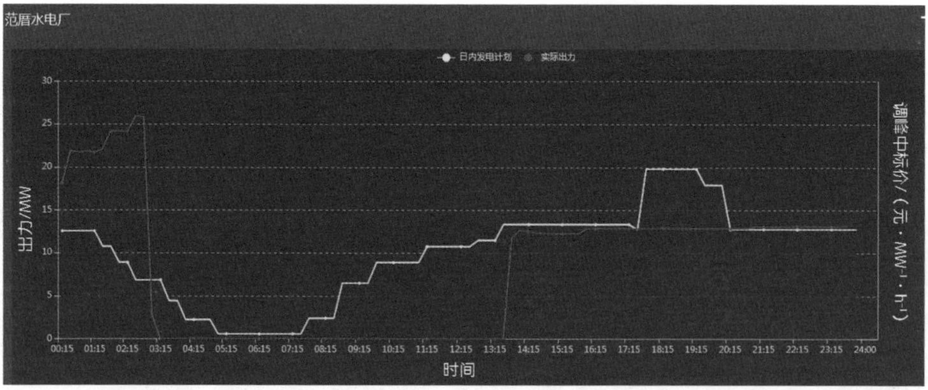

图 3－151　课题开展前范厝水电厂实际出力与发电计划偏差情况

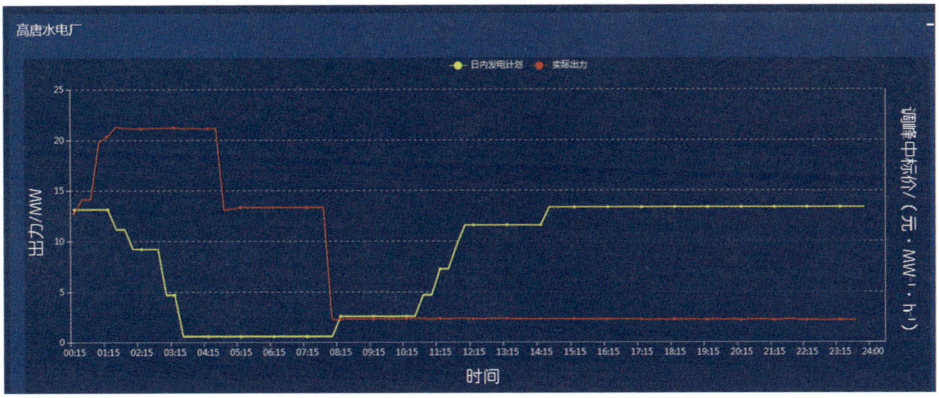

图 3 - 152　课题开展前高唐水电厂实际出力与发电计划偏差情况

由图 3 - 148 至图 3 - 152 可以看出各水电厂的实际出力与发电计划有较大偏差。据统计，2018 年1—7月金湖电力公司水电及新能源偏差考核费用累计达 210 万元，月均 30 万元，影响了金湖电力公司效益，因此本次精益课题的短期目标是 8 月电量偏差考核费用较 1—7 月均值降低 20%，中期目标是 10 月电量偏差考核费用较 8 月降低 20%。

二、分析

我们采用鱼骨图进行分析，找出了 15 个末端因素，如图 3 - 153 所示。

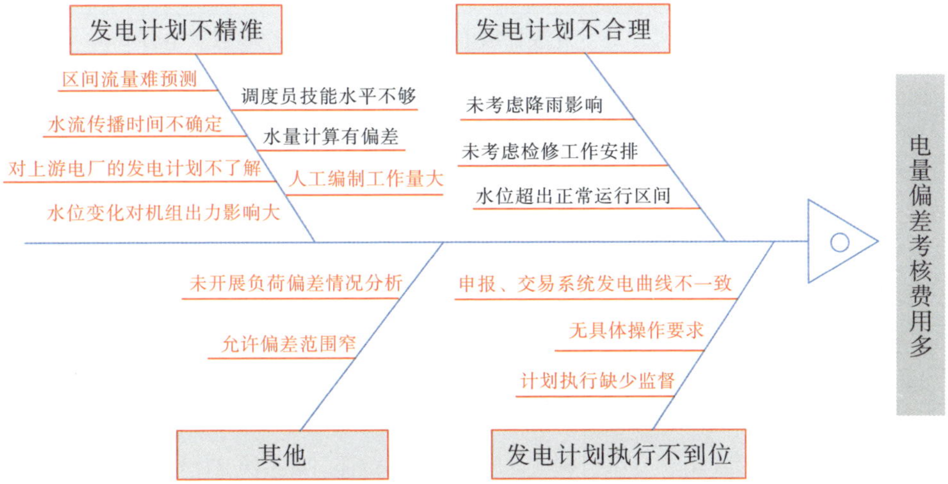

图 3 - 153　电量偏差考核费用多原因分析

随后进行要因确认，确认了10个要因，如表3-58所示。

表3-58 要因确认表

序号	末端因素	事实确认	是否要因
1	未考虑降雨影响	编制发电计划时有结合天气预报进行修正	✗
2	未考虑检修工作安排	检修工作计划性强，编制发电计划时有考虑检修情况	✗
3	水位超出正常运行区间	严格遵守水库高度规程，按水位在正常区间运行编制计划	✗
4	区间流量难预测	凭经验进行预测，有偏差	✓
5	水流传播时间不确定	水流传播时间凭经验估计，误差大	✓
6	对上游电厂的发电计划不了解	流域电厂间沟通少	✓
7	水位变化对机组出力影响大	贯流式机组低水位下最大出力情况不明确	✓
8	调度员技能水平不够	发电计划由专人编制，调度经验丰富	✗
9	水量计算有偏差	水情自动测报系统根据机组特性曲线自动计算，计算准确	✗
10	人工编制工作量大	五级梯级电厂13台机组每日96点发电计划编制工作量很大	✓
11	未开展负荷偏差情况分析	负荷偏差重视不够，没有定期开展分析	✓
12	允许偏差范围窄	发电偏差>3%时即触发考核	✓
13	申报、交易系统发电曲线不一致	电量交易系统不完善，存在误导	✓
14	无具体操作要求	实际运行情况变化大，未制定相关操作要求	✓
15	计划执行缺少监督	调度部门未监督运行部门落实发电计划	✓

再对要因进行分析，如表3－59所示。

表3－59 要因分析表

序号	要因	对策	优点	缺点	评定
1	区间流量难预测	建立水文预报自动化系统	精确预报区间入库流量	资金投入大，周期长	不可行
		根据历史水文数据制定雨量－流量对应表	简单、方便	流量预测不够精确	可行
2	水流传播时间不确定	统计分析入库流量传播时间	水情自动测报系统具有实时流量数据	需投入大量人力分析	可行
3	对上游电厂的发电计划不了解	加强与上游电厂调度部门的沟通协调	沟通渠道畅通	信息获取渠道单一	可行
4	水位变化对机组出力影响大	制定分段水位－最大出力对应表	简单易行	偏差仍然存在	可行
5	人工编制工作量大	建设梯级优化调度自动化系统	精准、快速编制发电计划	资金投入大，周期长	不可行
6	未开展负荷偏差情况分析	将负荷偏差分析纳入运行日常管理	及时掌握偏差数据，分析原因	工作量大	可行
7	允许偏差范围窄	与相关部门沟通协调，扩大允许偏差范围	降低偏差考核难度	由相关部门主导	相关部门实施
8	申报、交易系统发电曲线不一致	向相关部门反映	发电曲线统一，不易误导	由相关部门主导	相关部门实施
9	无具体操作要求	下发文件，明确操作要求	统一标准，易实施	需根据实际情况不断修订	可行
10	计划执行缺少监督	明确由调度部门负责监督执行	加大计划执行力度	调度部门需加大人力投入	可行

通过优缺点比对，评定对策是否可行，最终总结出 7 条要因及其对策，如表 3 – 60 所示。

表 3 – 60　要因及其对策

	要因	对策
1	区间流量难预测	根据历史水文数据制定雨量 – 流量对应表
2	水流传播时间不确定	统计分析入库流量传播时间
3	对上游电厂的发电计划不了解	加强与上游电厂调度部门的沟通协调
4	水位变化对机组出力影响大	制定分段水位 – 最大出力对应表
5	未开展负荷偏差情况分析	将负荷偏差分析纳入运行日常管理
6	无具体操作要求	下发文件，明确操作要求
7	计划执行缺少监督	明确由调度部门负责监督执行

三、改善

在改善环节，我们将解决要因的对策一一落实。

要因 1：区间流量难预测。采取的对策是通过分析各厂多年来的降雨与入库径流的对应关系，得出一个大致的雨量 – 流量对应关系，并按降雨量大小进行列表总结，方便随时对照查询（表 3 – 61）。

表 3 – 61　不同降雨情况下的区间径流

单位：m^3/s

不同降雨情况下的区间径流	良浅	大言	黄潭	孔头	范厝	高唐
无降雨时	0	1.5 ~ 2	1.5 ~ 2	1.5 ~ 2	3 ~ 4	7 ~ 8
小雨（< 10mm）	< 5	< 10	< 5	< 5	10 ~ 15	10 ~ 15
中雨［10mm，25mm）	< 10	< 20	< 15	< 10	15 ~ 30	15 ~ 50
大雨［25mm，50mm）	< 20	< 50	< 20	15 ~ 20	30 ~ 50	50 ~ 200
暴雨［50mm，100mm）	< 50	50 ~ 150	< 30	20 ~ 40	50 ~ 200	200 ~ 400

要因2：水流传播时间不确定。采取的对策是通过水情系统准确统计上游电厂开机时间及其对应的下游电厂水位起涨时间，确定各厂间水流传播时间。编制发电计划时就可以按水流传播时间顺序推迟下游电厂发电安排（图3－154）。

图3－154　水流传播时间

要因3：对上游电厂的发电计划不了解。采取的对策主要有由水工水文部负责每日定时联系上游龙头电厂获取次日发电计划，同时建立金溪流域水调沟通微信群，流域内电厂如有发电计划变更及时通知，下游电厂立即进行发电计划调整。

要因4：水位变化对机组出力影响大。采取的对策是分析历史水情数据，统计出电厂各水位下的最大出力，在制订发电计划时随水位变化调整发电计划，避免因水位降低无法按计划出力运行而导致偏差考核（表3－62）。

表3－62　大言水电厂水位最大出力

上游水位/m	最大出力/MW
196.5	14.5
197.0	15.0
197.4	15.5
197.8	16.0

要因5：未开展负荷偏差情况分析。对制订的发电计划执行情况如何、

造成偏差较大的问题是什么不了解，因此需要有专人进行跟踪分析，找出导致偏差的问题并提交给发电计划编制部门进行整改，采用 PDCA ［计划（plan）、实施（do）、检查（check）、行动（action）］循环不断提高发电计划编制的准确性（表3－63）。

表3－63　偏差分析

<table>
<tr><td colspan="8">一、统计时间段　11 月 12—18 日</td></tr>
<tr><td colspan="8">二、负荷偏差统计</td></tr>
<tr><th>序号</th><th>日期</th><th>时段</th><th>负荷曲线/MW</th><th>实际出力/MW</th><th>偏差原因</th><th>考核费用/元</th><th>累计考核金额/元</th></tr>
<tr><td>1</td><td>11 月 12 日</td><td>00：00—01：30</td><td>11</td><td>10</td><td>水文中心钟明浪令：因大言水电厂水位比较低，为 197.32 米，负荷调整至 10MW（原计划曲线为 11MW）</td><td>201.28（11 月 12 日全天）</td><td rowspan="6">6269.28</td></tr>
<tr><td>2</td><td>11 月 12 日</td><td>07：45—15：00</td><td>11</td><td>10</td><td>水文中心钟明浪令：因上游水位比较低，为 197.38 米，大言水电厂负荷调整为 10MW（原计划曲线为 11MW）</td><td>201.28（11 月 12 日全天）</td></tr>
<tr><td>3</td><td>11 月 14 日</td><td>11：18—12：00</td><td>15</td><td>14</td><td>水文中心刘金火令：大言水电厂负荷调整为 14MW</td><td>65.92</td></tr>
<tr><td>4</td><td>11 月 15 日</td><td>11：30—24：00</td><td>11</td><td>12～14</td><td>水文中心谢德辉要求：因降雨量增大，区间来水量大，可不按负荷曲线，将负荷增至 14MW</td><td>865.7</td></tr>
<tr><td>5</td><td>11 月 16 日</td><td>02：00—06：45</td><td>0</td><td>10</td><td>因降雨量增大，区间的水量大，无法停机，负荷调整为 10MW</td><td rowspan="2">1221.8（11 月 16 日全天）</td></tr>
<tr><td>6</td><td>11 月 16 日</td><td>08：00—16：00</td><td>10</td><td>6～10</td><td>因降雨，水文中心谢德辉根据水位变化情况要求：08：00 负荷调至 12MW，08：35 负荷调至 10MW，10：55 负荷调至 6MW，于 14：30 按曲线带负荷</td></tr>
</table>

（续表）

序号	日期	时段	负荷曲线/MW	实际出力/MW	偏差原因	考核费用/元	累计考核金额/元
7	11月16日	16：00—24：00	10	保持出入库平衡	因降雨，水文中心巫翠玉电告如何带负荷		6292.28
8	11月17日	00：00—24：00	13～15	保持出入库平衡	因降雨，水文中心谢德辉要求大言水电厂按照出入库平衡带负荷（负荷曲线为13～15MW）	1927.98	
9	11月18日	00：00—24：00	13～15	保持出入库平衡	因降雨，水文中心巫翠玉要求大言水电厂按照出入库平衡带负荷（负荷曲线为13～15MW）	1986.6	
三、负荷偏差情况分析							
本周大言水电厂共出现9次负荷偏高曲线运行，比上周多出现一次偏高曲线运行。其中2次是因为上游来水偏少，造成上游水位低，应水工要求机组降低出力运行；另外有3次是因受降雨和区间入库影响，应水工要求按保持出入库平衡带负荷							

要因6：无具体操作要求。在完善发电计划、减小电量偏差考核的过程中，各部门如何分工，电厂运行部门应该做什么，发电调度部门应该做什么要有明确的分工与操作要求，才能将减少电量偏差考核这件事做好。因此，金湖电力公司生技部门收集整理调度、运行部门在编制、执行发电计划过程中的问题和意见，归纳总结、下发具体操作要求的同时也多次召开研讨会，共同对存在的问题进行梳理、解决。

要因7：计划执行缺少监督。根据公司实际情况，明确电厂在金溪干流上的五座中型水电厂的发电计划由水工水文部负责编制，各电厂根据下达的发电计划执行，水工水文部监督各厂落实，转变各电厂之前各行其是、单站调度的运行模式。

通过以上7个对策的实施，金湖电力公司各厂实际出力与发电计划的偏差显著缩小。

随着精益课题的深入开展，金湖电力公司水电及新能源偏差考核费用大幅减少。2018 年 8 月 5 家水电厂的平均考核费用为 13.2 万元，较 1—7 月平均考核费用 37.5 万元减少 64.8%，10 月平均考核费用 5.3 万元，较 8 月降低 59.85%，降幅显著，超额完成本次精益课题目标，课题开展后各水电厂实际出力与发电计划偏差情况如图 3－155 至图 3－159 所示。

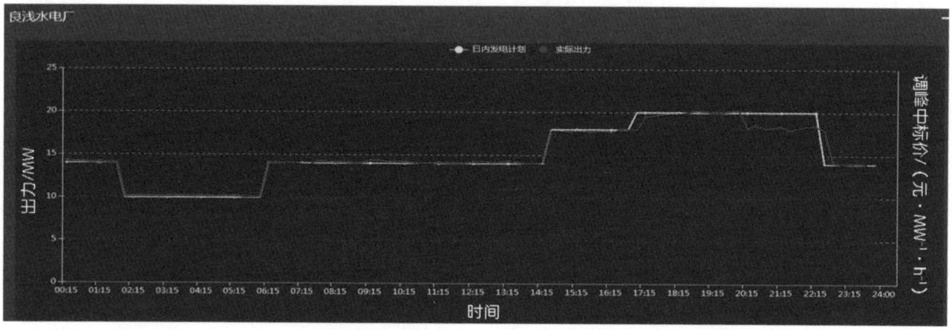

图 3－155　课题开展后良浅水电厂实际出力与发电计划偏差情况

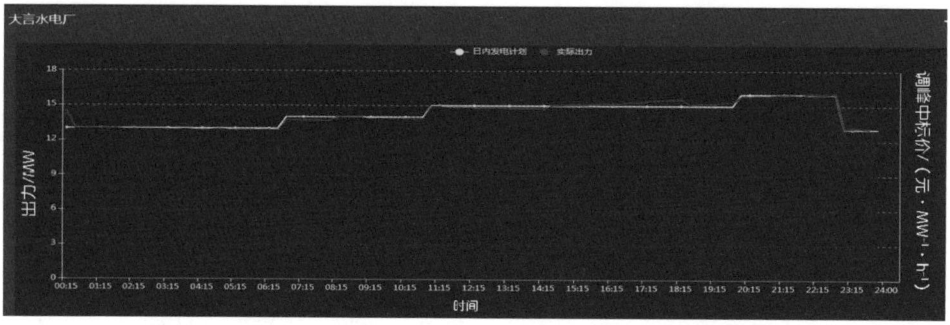

图 3－156　课题开展后大言水电厂实际出力与发电计划偏差情况

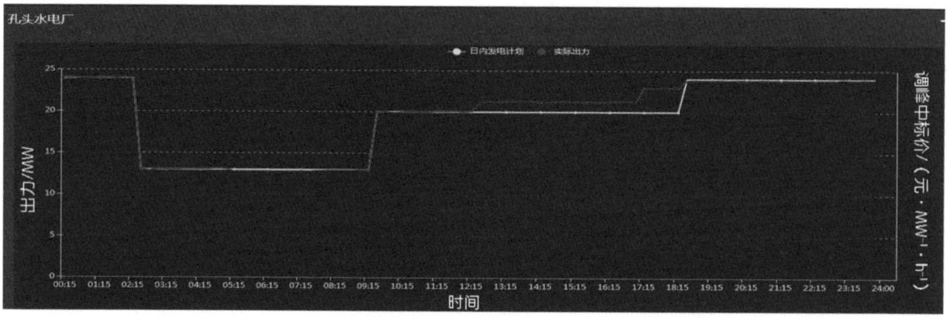

图 3－157　课题开展后孔头水电厂实际出力与发电计划偏差情况

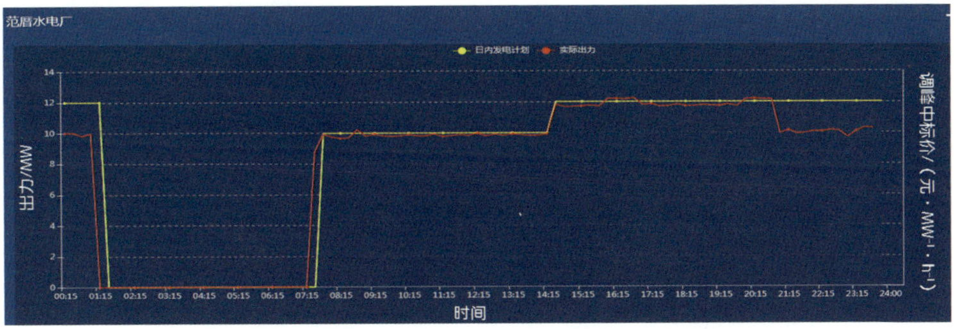

图 3－158　课题开展后范厝水电厂实际出力与发电计划偏差情况

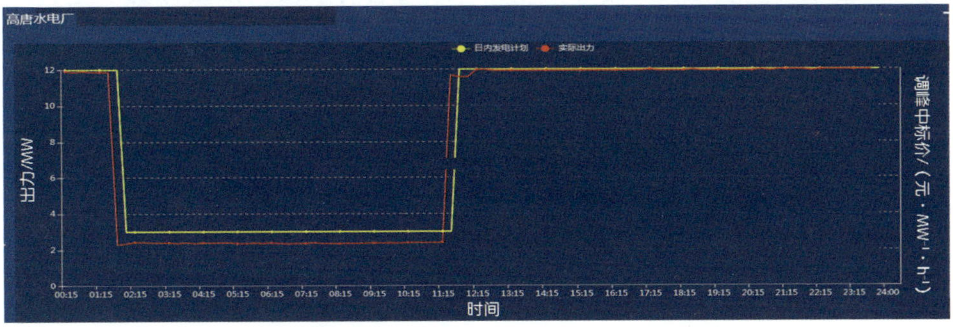

图 3－159　课题开展后高唐水电厂实际出力与发电计划偏差情况

四、标准化

本次精益课题将水流传播时间、区间流量预测和水位对机组出力的影响纳入电厂水库调度规程中，为之后的科学调度、经济运行提供了必要的数据支撑。

五、结语

借助精益课题开展，金湖电力公司将不断提高梯级电厂发电质量，增加发电效益，减少电量偏差考核，持续践行精益管理，做好提质增效大文章。

（本案例由金湖电力公司提供）

【案例3-20】 降低风电场扩容后发电计划申报考核精益管理

一、引言

发电计划申报，原称风电功率预测预报。

国家能源局自2012年1月1日起对风电场的风电功率预测预报进行考核。

福建省电力调度中心规定，综合得分未达到50分或整改不到位的风电场不能保证全额消纳发电量。

国网福建电力调控中心2018年发布164号文《关于加强直调新能源场站发电计划申报管理的通知》，正式将风电功率预测预报称为发电计划申报，同时增加完备率等多项考核标准。

二、诊断

（一）选题理由1：调度压力

2017年初，一条消息震惊风电行业从业人员，某区因为各种原因将18个风电场断网，并对风电功率预测预报综合得分较高的风电场优先安排并网。

（二）选题理由2：考核压力

某风电场扩容后连续16个月被福建省电力调度中心考核，累计考核电量达972.4万kW·h（表3-64）。

表3-64 某风电场扩容后考核情况

月份	2018年4月	2018年5月	2018年6月	2018年7月	2018年8月	2018年9月	2018年10月	2018年11月
得分/分	79.76	77.22	69.97	78.44	68.97	79.63	71.74	76.71
考核电量/（万kW·h）	1.20	13.92	50.13	7.80	55.15	1.85	41.30	16.45

（续表）

月份	2018 年 12 月	2019 年 1 月	2019 年 2 月	2019 年 3 月	2019 年 4 月	2019 年 5 月	2019 年 6 月	2019 年 7 月
得分/分	62. 27	60. 15	47. 92	53. 33	61. 00	66. 76	58. 55	73. 10
考核电量/（万 kW・h）	88. 65	99. 25	160. 40	133. 35	95. 00	66. 20	107. 25	34. 50

（三）选题理由 3：形势严峻

（1）福清区域附近的风电建设中阻工严重，如鲤鱼山项目接近 4 年才完成全部投运。今后的项目征地预计更难。

（2）福建省电力调度中心水新处严格免考核期管理，对扩容的风电场仅给一次 3 个月的免考核期。

（3）2019 年 2 月，某风电场陆续投运 4 台 3. 6MW 风机，对风电功率预测模型造成极大的扰动。

（4）风电场得分从 2019 年 1 月的 90. 82 分骤降到 2 月的 61. 20 分，总计少得分 29. 62 分。

三、分析

（一）得分说明

（1）准确率：主要考察每天上报的站点中的合格者的准确程度，计算公式为

准确率 =（i 时刻实际功率 $-i$ 时间短期预测功率）÷时刻开机容量

（2）合格率：主要考察每天上报的站点短期预测功率的合格程度，实际功率与同一时刻短期预测功率的偏差在 20% 以内者，即为合格。

（3）传送率：主要考察每日短期功率预测、超短期功率预测、测风塔/气象站、风机逆变器、实时数据等 5 类文件的上送状态。

（4）完备率：主要考察每日短期功率预测、超短期功率预测、测风塔/气象站、风机运行信息、理论功率等 5 类文件上送后的文件完备程度。

（二）发电计划申报扣分思维导图分析

发电计划申报扣分思维导图分析如图 3－160 所示。

图 3－160　发电计划申报扣分思维导图分析

（三）人、机、环、管四要素分析

1. 人

（1）监盘不认真；

（2）巡检不到位；

（3）发现问题汇报不及时；

（4）未及时关注考核标准变化。

2. 机

（1）外网不通；

（2）上报通道受阻；

（3）预测系统故障；

（4）服务器等硬件老化。

3. 环

（1）气候异常，天气预报不准；

（2）完备率等指标考核标准变动。

4. 管

（1）扩容后模型训练不及时；

（2）理论功率模块运行不正常。

（四）确认原因

某风电场扣分原因分析如表3－65所示。

表3－65 某风电场扣分原因分析

序号	项目	得分/分	扣分/分	原因确认
1	准确率	48.04	11.96	风电场扩容后，模型来不及训练和更新
2	合格率	6.73	13.27	全月有14天合格率不得分
3	传送率	6.77	3.23	2月18日调整模型的系数时，部分报表未上报
4	完备率	0	10	理论功率模块运行情况差，坏值率≤90%
				风机运行信息未上报
				测风塔湿度长时间保持100%，湿度计损坏
				测风塔温度仅保留小数点后一位，经常拉直线
				测风塔气压值保留位置不足，经常拉直线

四、改善

（1）临时修改预测功率输出值：所有预测功率均乘以1.12后输出。

（2）理论功率模块改造：基于升压站电气数据的理论功率计算，各指标不匹配、曲线突变、拉直线，坏值率高，开发基于风机机舱风速法的理论功率计算模块。

（3）运行信息上报：包括单机电压、电流，机头风速、风向，风电场总有功、无功，运行风电机组容量，待机风电机组容量，停运风电机组容量等监测信息。

难点：风电机组年限已久，部分风电机组厂家已撤销，难以找到人员配合。

（4）测风数据质量整治：

①湿度长时间保持100%。采取措施：更换湿度计。

②温度精度不足，拉直线。采取措施：更改系统设置，保留小数点后两位。

③气压精度不足，拉直线。采取措施：更改系统设置，保留小数点后一位。

④层间风向偏差≥22.5°。采取措施：制作测风质量数据监测表，每个班进行一次监测，监测风向标和风速仪（表3－66）。

表3－66　测风数据质量要求

序号	数据	单位、精度
1	风速	0.01m/s
2	风向	1°
3	环境温度	0.01℃
4	气压	0.1hPa
5	相对湿度	0.1%
6	$\mid V_{50m}-V_{30m}\mid$ 1h平均风速差值	<2.0m/s
7	$\mid V_{50m}-V_{10m}\mid$ 1h平均风速差值	<4.0m/s
8	$\mid d_{50m}-d_{30m}\mid$ 1h风向差值	<22.5°
9	$\mid V_{50m}-V_{30m}\mid$ 5min风速差值	<4.0m/s
10	$\mid V_{50m}-V_{10m}\mid$ 5min风速差值	<8.0m/s
11	$\mid d_{50m}-d_{30m}\mid$ 5min风向差值	≤30°或≥330°
12	1h平均风速变化	<6m/s
13	1h平均温度变化	<5℃
14	3h平均气压变化	<10hPa
15	连续6个以上保持定值时，为数据异常	坏值

（5）利用好扩容后3个月的免考核期：福建省电力调度中心水新处给予

各风电场每个扩容项目一次3个月的免考核期，由于每个项目有可能会经历两到三次的扩容阶段，选择一个适当的扩容阶段是有效减少考核电量的最主要方法。

（6）模型训练：督促厂家缩短模型再训练周期，减少电量考核。

（7）外联内协：

①成立风电功率预测预报管理微信讨论组：由研发技术人员、厂方维护人员、部门管理人员、值长、值班员等人员组成。厂方维护人员24小时在线，及时反映和处理数据不上传或不合格的问题。

②加强与省调、地调的沟通，及时发现问题，利用好BS平台。

（8）同奖同罚：

在合同期限内因乙方自身原因，导致甲方因风电功率预测预报得分被考核，乙方则按照全年累计的因乙方自身原因被考核电量的10%（按照每千瓦时电0.31元）折算后进行扣款（扣款总额不超过合同额的30%）。如果全年预测被奖励，则甲方按照全年奖励电量的10%（按照每千瓦时电0.31元）对乙方进行合同额以外的奖励（奖励金额不超过合同额的30%）。

（9）提高风电功率预测预报得分的其他措施：

①台风天，及时向福建省电力调度中心申请免考核；

②计划检修，提前手动设置开机容量；

③得分异常低，及时与厂家交流，调整气象数据来源；

④修复旧测风塔，作为备用，保证测风数据传送质量；

⑤风电功率预测预报系统服务器及其相关设备改用UPS电源；

⑥气象数据采用双通道，保证紧急情况下有备用通道；

⑦扩容后，及时更新场站信息表。

（10）效果：

由于修模及时，措施得当，管理到位，某风电场第4个月脱离考核区，第6个月恢复扩容前水平，第10个月得分跻身全省第二名。

（本案例由福清风电公司提供）

【案例3-21】 径流式电站负荷申报精益管理

一、背景

华安水电厂属径流引水式发电厂，一厂装机容量为60MW，二厂装机容量为80MW，两厂均执行调峰交易规则。水库有效库容仅390万m^3，上游私营电站多，流域梯级水库分布密集。负荷申报时，难以精确预测第二天每15分钟径流过程，执行发电计划时修改负荷频繁。并网发电厂辅助服务管理实施细则和发电厂并网运行管理实施细则两个细则实施及电力辅助交易平台正式启用后，对发电企业的负荷预测准确率的考核更加严格了。

精益团队：负荷申报涉及水务班和集控班，因此成立了跨班组的精益管理小组。

2017年“史上最严”电量考核标准开始执行，一厂仅2017年11月、12月就被考核约23万元，月均11.5万元。二厂2018年第一季度被考核约120万元，月均40万元。而且第一季度每天均被考核，其中1月整月每日考核金额均超1000元（表3-67）。

二、诊断

表 3 - 67 考核统计

时间	发电量/(kW·h)	差额/万元	能监办公布净收入/万元	净收入/万元	1. 考核总费用/万元	辅助服务考核		辅助服务补偿		3. 考核返还/万元	4. 辅助分摊/万元	辅助服务市场（已开展的区域填报）							
						调峰考核费用/万元	发电超欠考核费用/万元	2. 补偿总费用/万元	补偿无功费用/万元			辅助服务市场收益/万元	启停调峰补偿金额/万元	省内调峰分摊金额/万元	跨省调峰分摊金额/万元	AGC 基本补偿分摊/万元	启停调峰分摊金额/万元	深度调峰服务违约金/万元	新能源偏差考核费/万元
2017 年 11—12 月一厂考核统计																			
11 月	2170.57	1.356	-13.9234	-15.2794	-0.2057	-0.2057		0.0147	0.0147	0.4762	-4.4788	-9.7298		2.8123		0.0689	0.0557		6.7929
12 月	1959.22	1.2938	-15.9793	-17.1731	-0.2739	-0.2739		0.0166	0.0166	0.2534	-2.1078	-13.8676		2.7827		0.0540	0.1092		10.9217
合计	4129.79	2.6498	-29.9027	-32.4525	-0.4796	-0.4796		0.0313	0.0313	0.7296	-6.5866	-23.5974		5.5950		0.1229	0.1649		17.7146

时间	发电量/(kW·h)	差额/万元	能监办公布净收入/万元	净收入/万元	1. 考核总费用/万元	辅助服务考核		辅助服务补偿		3. 考核返还/万元	4. 辅助分摊/万元	辅助服务市场（已开展的区域填报）							
						调峰考核费用/万元	发电超欠考核费用/万元	2. 补偿总费用/万元	补偿无功费用/万元			辅助服务市场收益/万元	启停调峰补偿金额/万元	省内调峰分摊金额/万元	跨省调峰分摊金额/万元	AGC 基本补偿分摊/万元	启停调峰分摊金额/万元	深度调峰服务违约金/万元	新能源偏差考核费/万元
2018 年 1—3 月二厂考核统计																			
1 月	4276.50	4.4816	-59.5277	-64.0093	-0.3099	-0.1981	-0.1118	0.0395	0.0395	1.1960	-6.2786	-58.6563		6.6026		0.5477	0.3425		51.1635
2 月	2142.69	0.0003	-29.0385	-29.0388	-0.3144	-0.1380	-0.1764	0.0168	0.0168	0.7023	-0.9883	-28.4552		4.8796		0.7814	0.3447		22.4495
3 月	3713.92	4.2498	-34.1880	-38.4378	-0.0720	-0.0154	-0.0566	0.0401	0.0401	1.1699	-6.5352	-33.0460		6.6619		1.9599	0.3089		24.1099
合计	10133.11	8.7317	-122.7542	-131.4859	-0.6963	-0.3515	-0.3448	0.0964	0.0964	3.0682	-13.8021	-120.1575		18.1441		3.289	0.9961		97.7229

考核“重灾区”在新能源偏差考核和深度调峰考核两项（表3-68），且有人工干预的可能，精益管理小组主要针对这两项考核项目进行分析（图3-161）。

表3-68　2018年1—3月一厂、二厂辅助服务调峰结算统计

占99.5%以上

电厂	时间	发电量/(kW·h)	新能源偏差考核费/元	深度调峰分摊费用/元	启停调峰分摊费用/元	AGC分摊费用/元	总收益/元
一厂	1月	1571.1	-341090.32	-14695.61	-77		357914.77
	2月	1030.77	-149663.52	-16003.28	-85.33	-2005.62	-167757.75
	3月	105.88	-140870.68	-646.51	-64.44	-215.07	-141796.7
二厂	1月	2705.39	-170545.16	-51330.38	-2644.87	-4127.7	-228648.11
	2月	1111.92	-74831.76	-32797.36	-259.14	-5823.0	-113711.26
	3月	3608.04	-100228.6	-65973.41	-3024.73	-19384.79	-188611.53

三、分析

考核原因分析如图3-161所示。

（一）目标设定

（1）新能源偏差考核金额减少50%，一厂减少30万元，二厂减少15万元。

（2）日考核金额1000元以上次数减少为20次。

（3）水情预报准确率不低于55%。

（二）课题分工

1. 集控班

集控班负责负荷实时修改的申报及免考核申报，纠偏控损。其负荷申报流程考核原因：

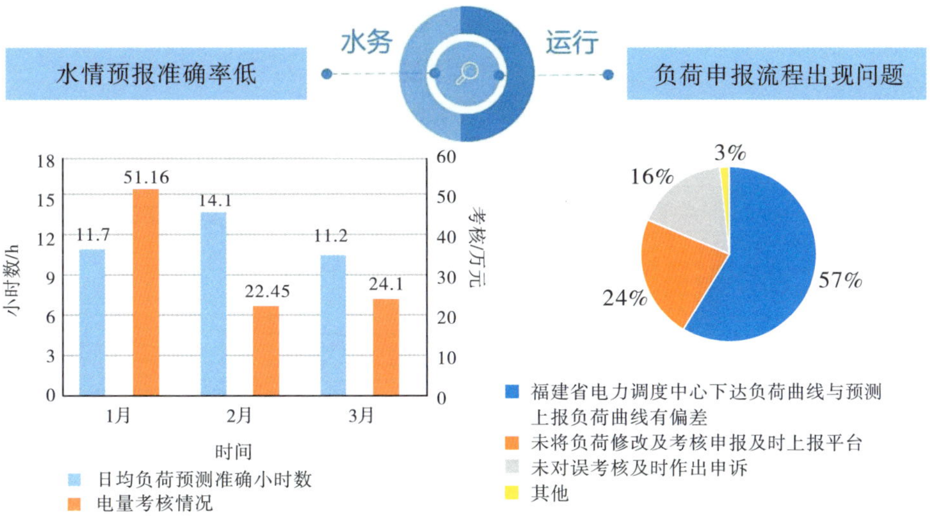

图 3－161　考核原因分析

（1）福建省电力调度中心下达的负荷曲线与预测上报的负荷曲线有偏差。

（2）未将负荷修改及免考核申报及时、准确上报平台。

（3）未对误考核及时作出申诉。

2. 水务班

水务班根据水情，负责预计负荷的申报，提高精度。其水情预测准确率低的原因：

九龙江北溪流域梯级水库群分布密集，各梯级调度呈现多元化管理，导致各级水库出流不均匀，且天然来水受水库群调节变化幅度大，上游各级水库无法实时错峰，补偿调度。负荷管理不规范分析如图 3－162 所示。

从 2018 年 4 月开始，在初始平台的使用过程中，存在人员申报不及时的情况。如 4 月 15 日，申诉未在指定时间上报，错过上报时间（图 3－163）。

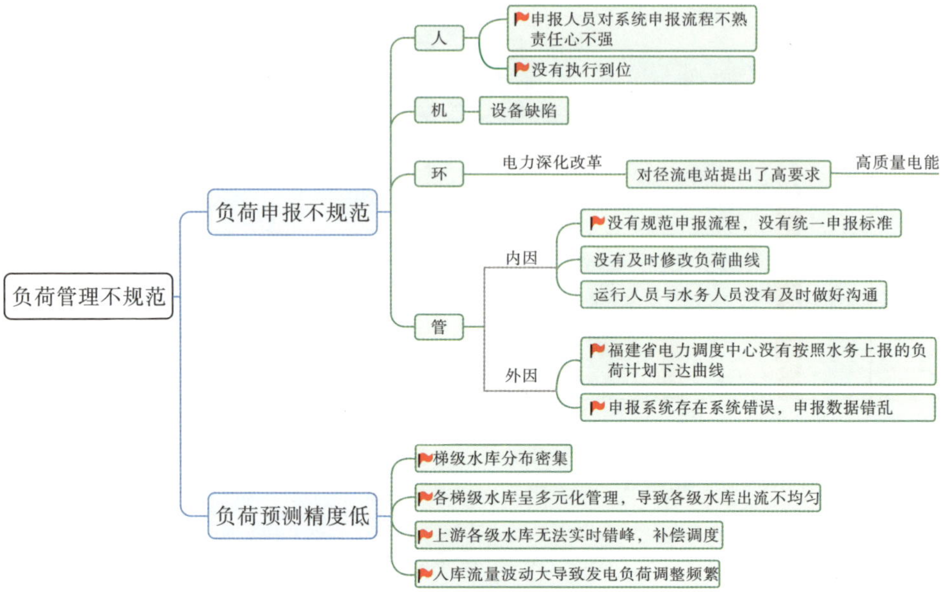

图 3－162　负荷管理不规范分析

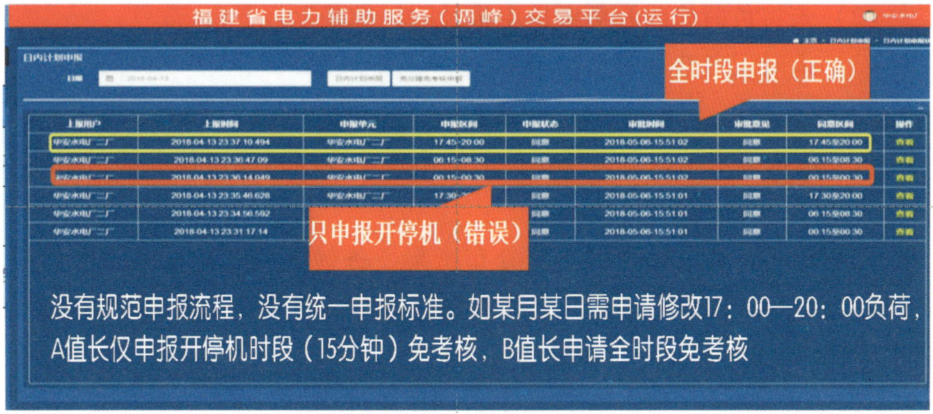

图 3－163　未将负荷修改及免考核申报及时、准确上报平台

综上所述，得出以下四个要因：

（1）上游各级水库无法实时错峰，补偿调度；

（2）福建省电力调度中心下达的负荷曲线与预测上报的负荷曲线有偏差；

（3）未将负荷修改申报及时、准确上报平台；

（4）未对误考核及时作出申诉。

四、改善

召开关于提高发电负荷预测准确率的专题讨论会，统一思想，厘清职责，明确标准。召开部门沟通协调会，贯彻专题研讨会精神，将责任落实到人。

1. 改善——提高水情预测准确率

措施一：走访上游电站，重新测算各站点发电出力。

措施二：加强与上游电站联络，多走动、勤沟通。

措施三：加强跟踪对该厂水情预测影响较大的白沙电厂、绵良电厂的出力情况、水情变化。

措施四：及时掌握周边城市近日天气信息，指导水情预报。

措施五：结合每周安全会和班前班后会，探讨、分析水情。

2. 改善——减少负荷申报流程考核体例

措施一：向福建省电力调度中心及兄弟单位取经学习。

措施二：向福建省电力调度中心反映我厂的实际情况，争取负荷修改空间。

措施三：形成标准申报流程（图 3－164），对流程中容易出现考核的点进行重点管控（图 3－165）。

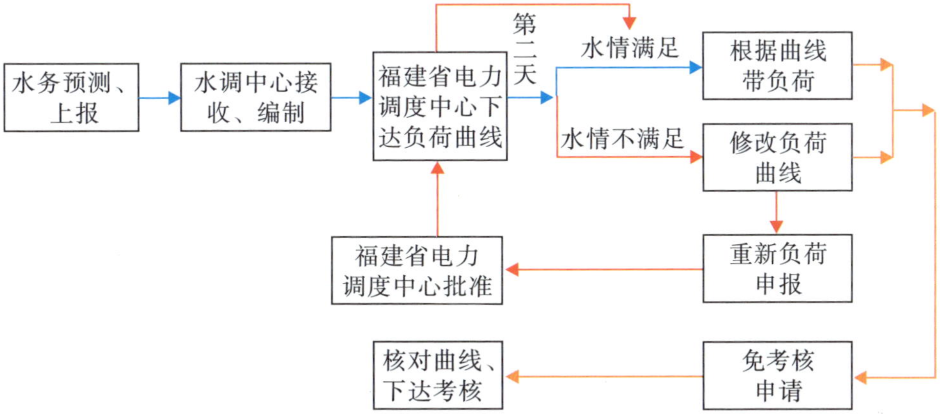

图 3－164　标准申报流程

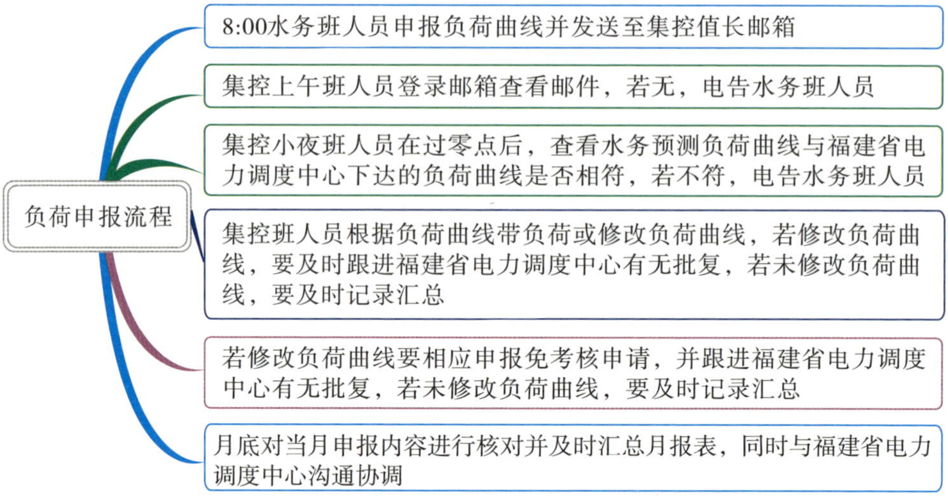

图 3－165　负荷申报流程重点管控

措施四：勤沟通，向福建省电力调度中心积极反映误考核情况，把握每月底的一次申诉机会，反馈福建省电力调度中心下达的曲线与我厂上报的曲线的误差情况，对电量考核纠偏控损（表 3－69）。

措施五：合理利用负荷考核标准，在 ±3% 运行的免考核区间内，来水增多时，按上限运行；来水减少时，按下限运行。负荷管理更加科学、灵活，把握每日 3 次的免考核申请机会，以考核数额大者优先。

表 3－69　2018 年一厂、二厂电量偏差统计

2018 年 8 月一厂电量偏差统计表					
日期	偏差时段	偏差时间/h	偏差功率/MW	偏差电量/（万 kW·h）	总偏差电量/（万 kW·h）
8 月 4 日	0：15—1：00	0.75	40	3.000	
8 月 7 日	13：00—13：15	0.25	15	3.750	
8 月 9 日	6：15—8：45	2.50	15	3.750	
	14：45—18：15	3.50	15	5.250	9.000
8 月 20 日	10：45—11：45	1.00	30	3.000	
8 月 21 日	20：30—21：15	0.75	15	1.125	

（续表）

2018 年 8 月一厂电量偏差统计表					
日期	偏差时段	偏差时间/h	偏差功率/MW	偏差电量/（万 kW·h）	总偏差电量/（万 kW·h）
8 月 23 日	16：15—17：00	0.75	15	1.125	
8 月 24 日	8：15—10：30	2.25	15	3.375	
8 月 25 日	0：15—0：45	0.50	15	0.750	
	8：15—9：00	0.75	15	1.125	
	12：15—13：00	0.75	15	1.125	
	16：15—24：00	7.75	7	5.425	8.425
8 月 28 日	17：45—24：00	6.25	15	9.375	
8 月 29 日	0：15—0：45	0.50	45	2.250	
累计				44.425	
2018 年 8 月二厂电量偏差统计表					
日期	偏差时段	偏差时间/h	偏差功率/MW	偏差电量/（万 kW·h）	总偏差电量/（万 kW·h）
8 月 4 日	0：15—4：30	4.25	40	17	
	4：30—10：30	6.00	80	48	65

3. 成效——水情预测

水情预测准确小时数在进入第二季度汛期后，整体提升 10%，如其中 4 月、5 月连续达到日平均预测准确小时数 16.8 小时，较 3 月提高 4 小时，准确率为 70%。

4. 成效——考核情况

辅助服务调峰结算明细表统计显示：第二季度新能源偏差考核比第一季度减少 66 万元，降低考核率 55%，平均月考核次数 17 次，其中 6 天零考核，7 天考核金额在目标值 1000 元以下。表 3－70 为 2018 年 6 月 1—9 日辅助服务调峰结算明细表，其中零考核天数达到了 2 天。

表3－70　2018年6月1—9日辅助服务调峰结算明细

单位：元

	电厂	机组	类型	全月费用	2018年6月1日	2018年6月2日	2018年6月3日	2018年6月4日	2018年6月5日	2018年6月6日	2018年6月7日	2018年6月8日	2018年6月9日
水电	华安水电厂二厂	华安水电厂/10kV/二厂5号机组	深度调峰服务费	0.0	0.0	0.0	0.0	0.0	0.0	0.0	0.0	0.0	0.0
			启停调峰服务费	0.0	0.0	0.0	0.0	0.0	0.0	0.0	0.0	0.0	0.0
			深度调峰分摊费	82790.92	10190.37	9891.63	889.71	58.89	0.0	0.0	0.0	6965.71	13556.03
			启停调峰分摊费	2937.91	146.41	0.0	213.37	0.0	72.26	0.0	0.0	140.27	649.81
			AGC调用补偿	0.0	0.0	0.0	0.0	0.0	0.0	0.0	0.0	0.0	0.0
			AGC基本补偿	0.0	0.0	0.0	0.0	0.0	0.0	0.0	0.0	0.0	0.0
			深度调峰服务违约金	0.0	0.0	0.0	0.0	0.0	0.0	0.0	0.0	0.0	0.0
		华安水电厂/10kV/二厂6号机组	深度调峰服务费	0.0	0.0	0.0	0.0	0.0	0.0	0.0	0.0	0.0	0.0
			启停调峰服务费	0.0	0.0	0.0	0.0	0.0	0.0	0.0	0.0	0.0	0.0
			深度调峰分摊费	112683.99	10156.48	9864.03	879.12	60.07	31.14	0.0	0.0	7146.04	13442.2
			启停调峰分摊费	5145.75	145.94	0.0	212.86	0.0	112.11	0.0	0.0	141.45	644.22
			AGC调用补偿	0.0	0.0	0.0	0.0	0.0	0.0	0.0	0.0	0.0	0.0
			AGC基本补偿	0.0	0.0	0.0	0.0	0.0	0.0	0.0	0.0	0.0	0.0
			深度调峰服务违约金	0.0	0.0	0.0	0.0	0.0	0.0	0.0	0.0	0.0	0.0
		全厂总计	深度调峰服务费	0.0	0.0	0.0	0.0	0.0	0.0	0.0	0.0	0.0	0.0
			启停调峰服务费	0.0	0.0	0.0	0.0	0.0	0.0	0.0	0.0	0.0	0.0
			深度调峰分摊费	195474.91	20346.85	19755.66	1768.83	118.96	31.14	0.0	0.0	14111.75	26998.23
			启停调峰分摊费	8083.66	292.25	0.0	426.23	0.0	184.37	0.0	0.0	281.72	1294.03

（续表）

	电厂	机组	类型	全月费用	2018年6月1日	2018年6月2日	2018年6月3日	2018年6月4日	2018年6月5日	2018年6月6日	2018年6月7日	2018年6月8日	2018年6月9日
水电	华安水电厂二厂	全厂总计	AGC调用补偿	0.0	0.0	0.0	0.0	0.0	0.0	0.0	0.0	0.0	0.0
			AGC基本补偿	0.0	0.0	0.0	0.0	0.0	0.0	0.0	0.0	0.0	0.0
			深度调峰服务违约金	0.0	0.0	0.0	0.0	0.0	0.0	0.0	0.0	0.0	0.0

五、标准化

措施一：将标准申报流程及相应负荷调整方法编入运行日常工作管理制度。

措施二：将负荷申报工作列入集控班组每日定期工作。

措施三：编制电力交易辅助平台使用教程、免考核申报流程手册。

（本案例由华安水电厂提供）

人才培养篇

随着市场经济的发展，发电企业越来越重视人力资源管理工作，人才培养作为企业人力资源管理工作的重要组成部分，不仅是提高各级人员专业知识、技能水平和综合能力，实现员工自身价值的重要渠道，也是合理优化人力资源存量管理，提高企业经济效益的重要举措。

随着互联网高速发展、电力市场改革不断推陈出新，发电企业为了适应新时代转型发展进行了一系列自我变革，企业运转不断提速，员工需要学习的内容越来越多，且知识迭代速度越来越快，人才成长周期虽然一再缩短，却仍然赶不上企业的实际需求，企业更无法拥有具备一定前瞻性的超前储备人才，各单位在不同程度上出现了人才结构性短缺。种种迹象都越来越清晰地显示出传统模式培养人才的速度已逐渐满足不了企业转型发展对人才的需求，找到一种适合企业发展的人才培养模式迫在眉睫。

结合企业的人力资源现状，以支撑企业长远发展的战略规划为导向，以解决企业业务问题为目的，有针对性地进行各项人才开发活动，是企业可持续发展的重要课题。

企业开展人才培养精益管理是获得优秀人才，实现重要战略规划和自身可持续发展的重要途径。不断创新各类人才的培养和选拔方式，是组建支撑公司战略发展的一流人才队伍的关键。

第一章 发电企业人才培养管理概述

“十三五”时期，我国进入新的发展阶段。中国经济增长更趋平稳，增长动力更为多元，创新、协调、绿色、开放、共享是新时期发展的基本特征。人才队伍建设工作面临新的机遇和挑战。

一、外部环境发生重大变化

受市场用电量趋缓、电力体制改革、电力交易市场化规模进一步扩大、福建省电力供过于求以及沿海核电发展等因素影响，电力企业的生产情况和经营模式将发生较大改变。

二、企业进入快速发展和结构调整的重要时期

在众多项目落地实施的重要战略发展时期，新能源的发展将是福建公司今后发展的重要方向，尤其是风电、光伏发电、LNG、燃气电站、分布式能源等新能源发展明显提速，项目储备和推进工作骤然增加。

三、公司生产模式、经营模式和管控模式发生了改变

由于一些传统业务从配置专业人员自行办理转为外包，随着互联网、大数据平台的发展，新技术日趋成熟和集控中心的建设，“无人值班，少人值守”将成为现实。

随着这些变化的发生，公司传统的人才结构也将逐步发生变化，对能从事经济分析、项目规划、市场营销的人才的需求将急速增长，培养一专多能、能够满足生产建设和“走出去”战略需要的复合型人才是当务之急，做好人才存量开发和合理流动至关重要。“总量适度增长、质量不断提升、结构持续优化、资源充分开发”是未来人才培养工作需要重点考虑的问题。

第一节 人才培养管理现状

近年来，公司系统各单位高度重视人才的培养工作，始终把人才队伍建设作为事关公司发展全局的重要工作来进行决策部署。大力推进机制体制创新，逐步建立起以市场化管理为核心的人才队伍建设机制，确立公司人才竞争比较优势；培养高层次人才队伍，组建技术中心；加大人才开发力度，推行“3+3”全员轮训工程和“三比三促”全员技术大比武；落实保障措施，促进人才合理流动，致力推进人才队伍建设新发展。但人才队伍结构仍需要进一步优化。

从公司系统的人力资源总体情况来看，在岗位结构方面，管理人员过多，专业技术人员偏少，比例失衡；在专业结构方面，新项目、新技术人员紧缺，新能源、核电等产业人才资源存量不足；在年龄结构方面，系统内人员平均年龄较大，年龄结构呈现为两端偏重、中间偏轻的状态。

从公司系统内人力资源的配置来看，人才配置存在不合理之处，人才结构性短缺、适应性（专业性）人才匮乏。各单位普遍存在年龄结构失调、冗员与缺员并存的情况。现在，有的超员单位已经进入自然减员高峰期，部分单位由于超员没有或较少新进员工，生产一线员工总量紧张，技能队伍老化，出现部分专业技术断层或后续跟不上的情况，而长期没有新生血液注入，也不利于促使企业进入良性循环和持续发展的轨道。而新建单位人员少，员工学历相对高、年纪轻，技术人才较集中，但有经验、能够传承知识和技能的资深员工相对少，技能人才短缺，企业过于年轻化，缺乏传帮带的精神，企业文化建设不稳定，岗位流动性较大。人才队伍结构没有形成梯次，员工上升通道受限。

第二节　人才培养精益管理要求

面对公司的新格局以及出于适应新发展形势的需要，福建公司只有在构建的新发展格局中找准人才培养工作定位，落实好人才培养工作，才能更好地迈入新征程。

依据华电集团“十三五”人才队伍建设规划和工作部署，福建公司制定《中国华电集团公司福建分公司“十三五”人才队伍建设规划》并确定了人才培养以及队伍建设的管理要求。

一、坚持以人为本

培养德才兼备的人才，全面提高员工队伍素质；充分调动企业和员工共同参与人才队伍建设的主动性、积极性和创造性；把用好、用活人才作为人才工作的中心环节和检验人才队伍建设工作成效的最终标准。

二、坚持服务发展

以促进企业科学发展为出发点，以企业自身发展的实际需求为标准，将人才规划纳入公司的发展战略体系当中，推进公司的全面、可持续发展。

三、坚持深化改革

坚持把改革创新作为人才发展的根本动力。人才发展的关键在于体制机制，建立和完善体制机制的活力来自改革创新。要坚持深化改革，解决制约人才发展的深层次问题，掌握发展的主动权。

四、坚持开放育才

充分利用公司师资、制度等资源条件，研究国内人才培养新趋势和先进模式，积极应对外部环境变化，更好利用、整合内外部资源，推动人才队伍建设。

第三节　人才培养精益管理价值

人才培养问题是关系企业发展的关键问题。人才是推动企业发展的动力之源，是推进企业发展的重要因素，是实现企业战略目标的重要支持力量。人才培养精益管理的价值主要体现在如下几个方面。

一、基于 HR 价值，提高培训工作效能

聚焦培训的高频场景——班级、考试、认证、任务，实现培训资源投放效率和学习效率的大幅度提升，帮助基层单位减少在培训上的人力、物力、财力投入，同时通过衔接培训的落地评估，更多维、立体地勾画人才画像，帮助人岗匹配，使 HR 工作能破开人才管理层级壁垒，实现点对点的精细管理，更加精准、敏捷、高效、科学，持续为问题分析、梯队规划、战略支撑提供依据。

二、基于业务价值，加快业务人员的胜任速度

解决业务发展过程中的即学即用问题，在顶层设计上根据融合业务策略重点，识别关键岗位，绘制关键岗位的学习地图，通过互联网技术、学习内容和管理制度的结合，加速发展关键业务人才。

三、基于组织价值，塑造学习文化

塑造学习文化是提升组织能力的长效工程。不同于以往自上而下的管理，塑造学习文化是自下而上提高个体的意愿和能力，从而营造主动学习、主动交流、主动分享的学习氛围，加快形成组织核心竞争力。

第二章　发电企业人才培养精益管理实施路径

第一节　人才培养精益管理诊断分析

运用精益管理诊断工具，结合人员分布、岗位结构、年龄结构、学历结构、人才资源情况、培训方式、培训效果、培训机制等对公司的人才队伍培养进行诊断和分析。诊断问题汇总如下。

一、人才工作运行机制需要进一步健全

（1）人才工作程序尚存在不够合理之处，未落实基于业务分工的人才工作横向管理体系和基于管理权限的人才工作纵向管理体系。

（2）企业人才培养工作需要重新定位，从提高员工素质向解决企业问题转变，实现由战术性向战略性的转变，以对企业经营战略形成长效支持。

（3）相关制度没有形成科学、完整的体系，多是针对遇到的问题提出单独的解决方案，因此需要加强总体战略规划和体系建设，提出建设方向的总纲性指导意见。

二、人才全面管理体系有待进一步完善

人才管理模式不够灵活的矛盾依然比较突出，各类人才难以合理流动、配置和使用。在人才引进机制上，大部分是校招，社招占比很小，且大多采用刚性引进，缺乏柔性引进。在人才培养机制上，一方面，企业内部工学矛盾严重导致重使用、轻培养；另一方面，有限的培训资源多用于

对个体的培养，而忽略了组织智慧的沉淀，加上人才队伍断层，学习内容缺失的问题不容小觑；随着互联网的发展，单一的学习渠道和方式更无法满足员工与日俱增的个性化学习需求。在用人机制上，用工形式比较单一，人才“单位所有制”的壁垒难以打破，需要的人才进不来，不适应企业的人才出不去。在晋升机制上，员工成长通道尚未健全，依然以传统的单一行政晋升通道为主。

第二节　人才培养精益管理体系构建

坚持进行人才培养以及队伍建设，为公司的发展战略服务，深化人才管理体制改革和机制创新，加快形成人才培养和队伍建设发展的新动力和新方式；培育适应公司发展新形势的各类人才，全面提升公司人才素质，优化人才结构，为建设国内一流能源公司提供可靠的智力支持和人才保障。

一、建立科学人才工作机制

（1）以项目管理为抓手，明确人力资源部与各职能部门在培训工作中的职责，建立人力资源部与业务部门共同商定培训方案，人力资源部会同各专业人员对本年度相关培训项目提出可行性研究报告，明确目标、项目计划、组织实施步骤及经费预算。同时，对培训项目的计划、编制、下达、执行、督导、评估、分析、调整、考核实行标准化、全过程闭环管理。

（2）重塑人才培养理念。改变人才开发管理人员以往“人才培养 = 办培训班”的理念，更新人才开发管理者的知识与能力要求。人才开发管理者要时刻关注公司发展规划，利用不同渠道了解企业中各级、各类人员的关注点和发展需要，准确把握并在一定程度上引导人才培养需求；同时，人才开发管理者也要具备相应的专业素质，了解人才成长的规律以及培训的最新理念与技术，具有设计人才培养项目的专业能力和准确审视培训资源的专业眼光，并能做出有效评估。

（3）定期制订发展纲要实施细则和分年度工作计划。紧密结合企业的实际情况，确定企业的定位、发展方向、人才需求及战略目标，进一步制定、完善人才队伍建设的中短期目标实施细则与工作措施，提出符合公司发展实际的各年度工作要点。同时，完善人才资源统计工作和信息化建设。围绕企业的发展实际以及远景目标，对企业人才数量、结构、素质、效能等进行深入分析，分块建立人才资源信息库，明确人才资源开发的优势和短板，紧跟企业的发展态势，使人才工作科学、有序推进。

二、构建人才全面管理体系

系统分析人才标准、人才培养、人才供给、人才效能，推动人才管理扁平化、项目化，逐步构建人才全面管理体系，推动人才碎片式管理向人才供应链管理发展。

（一）优化人才补给外部链

（1）梳理招聘工作流程，输出标准化执行手册。明确科学、多元的评价维度，以定量和定性方法挖掘人才数据，勾勒人才画像，制定描述企业人才的共性特征、行为、标签等标准，为接下来的人才培养打下基础。

（2）拓宽招聘渠道，充分利用互联网工具进行信息传播和互动，提高引才效率。

（3）完善招聘人才档案，通过招聘，全面评估应聘者的思维模式、知识水平、专业技能、价值观、自我认知、个性品质、职业兴趣与就业动机等，勾勒人才画像，对每个应聘者进行动态人才侧写，并与之后的培训档案对接，为确定人才培养方向提供依据。

（二）完善人才培养内部链

开发企业级移动学习平台，并以此为支点，使人才培养工作从“功能”时代进入“价值”时代，推动人才培养和发展模式整体变革，逐步解决企业人才结构性短缺的问题。

（1）以平台建设为载体，绘制重点岗位学习地图，通过互联网技术，让员工可通过使用搜索功能对其进行检索和调用，解决实际工作中的痛点、难点问题，实现点对点的“缺什么补什么”“即学即用”。

（2）以内训师培养为抓手，按照内训师梯队与企业知识体系建设同频推进的构思，建立内训师的技能和素质模型，为内训师的选拔、任用确立相应的标准和尺度。

（3）以专业内容沉淀为核心，大力推进专业课程开发，将个体的发现、创意、心得、感悟或经验、技能放大到整个组织，梳理企业知识图谱，完善企业知识管理，推动优秀经验的流动及沉淀。

（4）以学习社交为推手，促进全员分享常态化，利用互联网多元化、移动化、碎片化和社区化的特性，让每个员工从单纯的被动培训者转变为知识的主动学习者、内容的输出者。

通过打造“学习＋社交”的交互式学习生态圈，将垂直管理压缩为扁平管理，将能力提升升级为业务支持，将个体知识放大为组织智慧，将被动培训转变为主动学习。同时集顶层设计、内容开发、运营活动、制度管理于一体，使员工深入参与业务部门的业务流程，强化业务流程与员工职业生涯发展的链接，逐步形成评、培一体化的人才培养体系，最终实现点对点输送人才、解决企业实际问题的目标。

第三节　人才培养精益管理对策实施

一、规范人才使用标准，优化人才结构布局

（一）分类推进人才评价机制改革

针对分类评价不足、评价标准单一、评价手段趋同等实际问题，进一步畅通人才评价渠道，建立健全科学的人才分类评价体系。以岗位专业为基础，坚持共同性与特殊性、定量与定性相结合，克服唯学历、唯资历、唯论文等倾向，注重考察各类人才的品德、专业性、创新性和实际贡献等要素，建立科学合理、各有侧重的人才评价标准，为发现人才、选拔人才、培养人

才及合理使用人才，促进人才资源向人才资本转变提供科学依据。

（二）积极促进人才队伍良性流动

（1）促进人才队伍的新老交替，注重发挥优秀专业技术和技能操作人才的带头引领作用，有相应的激励保障机制、有目标跟踪考核，促进青年员工快速成长。

（2）有计划地加强轮岗锻炼和交流挂职，分类选派干部、优秀人才至经营管理关键环节发挥攻坚克难作用；至优秀典型企业学习先进管理经验；至基层一线检验自身统筹协调能力，丰富工作经历，提高工作技能。

（3）做好内部流动，适才适用。进一步改革人才市场化配置机制，推进老单位向新建（购）单位进行流动的人才输送，做好人才二次开发和使用，促进人才在系统内、企业内、各三级单位之间实现有序内部流动和岗位对接，盘活人才资源，优化人才配置。

二、实施重点人才工程，构建人才发展优势

（一）“互联网+人才”工程

探索“互联网+”新模式的实践途径，强化大数据在人才培养中的实际应用。互联网的高速发展对人们的思维和行为模式产生了巨大的影响，带来了更多样的知识形式、更有趣的学习方式、更快速的知识迭代。其影响反映在企业人才培养中，则体现为传统的纯灌输式培训模式的效果愈加不如人意。在新时代大背景下，如何适应互联网发展趋势，整合资源，成为人才开发工作需要重点考虑的因素。开发企业级移动学习平台，实现跨平台使用并且支持移动应用，可充分发挥各类优质培训资源的优势，助推培训工作完成一系列转型。

1. 在培训时间上实现微量化，提高及时性

当前，企业转型带来了大量的新机会，也伴随产生了大量的新任务，同时，随着管理质量要求的提高，员工的工作负荷增加，工学矛盾空前严重。因此，人才培养需要创新学习载体，导入数字化学习、移动学习等最新的学习技术，借助移动终端，大大降低培训在传递过程中的成本，让员工能够随时随地学习，打破学习与工作的时间、空间边界。

2. 在培训内容上实现个性化，提高有效性

在社会高速运转的今天，培训应该在员工完成任务的过程中为其提供知识、技能、工具以及解决问题的办法。能够解决员工“刚需、痛点”的场景问题，能为其提供“绩效支持”的学习内容，这些学习内容是员工最愿意主动学习的，并且往往是个性化的，所以传统的大锅饭式培训内容已不再适用。结合内训师队伍建设，尽快梳理、优化独属于福建公司的知识体系，实现知识体系全覆盖，实现培训内容的精准投放，为员工量身打造个性化的知识地图，加快沉淀好的经验、案例、知识、技能，使隐性知识显性化，让智慧薪火相传。利用互联网技术，成熟、精确、高效地将个体之间的需求和技能对接，以各尽其才、各取所需，努力实现“多个服务个体”对接“多种个性化需求”。这些都是福建公司的当务之急。

3. 在培训方式上实现多样化，提高社交性

随着信息社会的到来和社交网络的风靡，学习行为本身越来越表现出社交化的倾向。在企业培训中，社交化倾向则表现为需要从刺激学员的学习动机出发，贴合人群社交属性来构建互动式的学习生态圈，塑造企业的学习社交文化。过往的学习（培训）方式过度强调单向输入（老师、专家讲，学员听），弱化了学员的实践反馈，未来更需要将培训由单通道变成多通道，利用各种学习技术，如 O2O（online to offline）、行动学习、结构化在岗培训、绩效改进技术、挑战性任务等，有效地将工作与学习结合起来，为学员搭建学习实践反馈的平台。同时，随着新鲜血液的输入，90 后员工除了学习以外，也完全有输出（产出）学习内容，进行分享、互动的能力和意愿，因此需要有一个平台给予其展示自我的机会。

4. 在培训管理上实现标准化，提高前瞻性

以往，培训过程闭环管理需要高频进行数据统计及资料整理，耗费极大的人力、精力。现在，在互联网技术的支撑下，企业可轻松实现培训管理的标准化、流程化、规范化，保证所有的培训可管理、可度量、可改善。同时，能让管理者全面掌握人才的培训经历、知识结构、培训评估结果、现任岗位、职务等信息，实现按照岗位要求向各部门推送有价值的分析数据，进行带图表、资料的运行审批，满足决策、管理和执行三个层次的多维度需求，促进管理模式、培训形式和学习方式的重大变革，更好地

支撑企业的发展战略。

（二）企业“智库”组建工程

内外联动，整合可利用的优质资源，组建从事开发性研究的咨询研究组织。通过专题培训、调研、课题研究等方式，将系统内外各专业的专家、学者聚集起来，利用集体和精英的智慧、经验和才能，协助企业判断和运筹，提升企业应对市场变化的反应速度。加强“人才＋项目/课题”资源对接以及人才与人才的“物理对接”。组建各类项目小组或课题研究小组，以具体项目、课题为核心，以研究成果输出为目标，加快人才与项目的融合。

（三）全员素质提升工程

将人才优势转化为企业高质量发展的动力，以提高人才的岗位胜任能力为目标，按照岗位要求，分类别、分层次规划员工的学习路径和培训计划，不断提升公司系统员工的岗位能力和技术水平，增强人岗匹配度。

1. 技能人才培养计划

（1）强化职业技能培训。

广泛运用技术讲课、技术问答、仿真机培训、区域调考等手段，大规模组织开展岗前培训、在岗培训、脱产培训等，不断提高技能人才解决实际问题和创新创造的能力。

（2）广泛开展业务技能竞赛。

注重赛前理论和实操培训，补齐薄弱环节和业务短板，达到以赛促训、以训促学、以学促用。

（3）加强技能培训中心建设。

进一步加强技能实操培训中心建设，以满足公司新一轮发展需要和服务公司生产建设、经营管理为目标，以现有资源为基础，以优化、整合、扩充为手段，对现有场所和设施进行升级改造，同步加强软硬件设施建设。

2. 企业领军人才培养工程

服务福建公司的发展战略，抓紧制定干部队伍建设规划，提高干部队伍建设的前瞻性和系统性，进一步完善干部队伍管理制度体系，以德为先、德能兼备，建设一支能干事、想干事，年龄梯次分明、专业搭配合理、个性有效互补的领军人才队伍，以满足项目发展建设和存量资产保值、增值对干部队伍的需要。

3. 稀缺专业人才培养计划

（1）加快建设市场营销人才方阵，尽快适应新的电力生态。

推进新进人员培训和跟学，结合政策汇编的梳理、编制工作，通过集中学习、培训等方式更新营销人员的营销观念，提高其对企业生存状态和市场变化的分析能力；邀请专家、学者授课，学习并运用先进的营销理念；采用定期召开分析交流会等形式学习营销技巧和营销经验，进一步接轨市场标准，满足新一轮电改环境下的人才需求。

（2）加快培养满足公司产业结构调整需求的项目前期人才和新能源专业技术、技能人才。

完善项目人才随工程进度逐步向后续工程转移的用人方式，以项目开发为平台，强化项目前期人才培养，统筹考虑项目前期人才的梯队建设。

（3）加快补充新能源人才。

大力开展继续教育，做好转岗培训；通过加强与高校联系，采取定向委培等方式培养企业所需要的人才；与相关合作企业或机构进行双向交流，定期派遣人才进行学习，吸收先进经验和技术，为公司今后的发展建设做好人才储备。

4. “T 型”人才培养计划

对新入职员工培养提出“T 型”的明确目标。改变传统教学模式，强调“迭代教学”。在理论传授上，从填鸭式被动学习转变为团队协作式学习。在实践训练上，以工作任务为导向，引用真实的项目案例，模拟企业工作环境，让学员在项目进程中扮演不同角色，处理各种问题，使学员在进入企业之前就熟悉企业的工作环境和工作流程，真正做到以工作为导向、以实践为锻炼。同时，以规范新员工入职培训管理为契机，完善人才档案管理和动态评估机制，将表现出色，能力、素质与发展潜力评估优秀的青年员工纳入“英才计划”，对其进行重点培养（提供优质的培训资源、学习机会，加强多岗位锻炼）和长线跟踪，使其发挥榜样作用，形成“头羊效应”。

5．百名导师库建设工程

加强企业内训师的培养，将“厚重基础、注重传承”的理念贯穿于师资队伍的建设过程之中，有效开发、利用公司内部的智力资源，营造知识共享的氛围。建立内训师资质认定、等级评定、选拔聘任、培训教学、考核晋级评优等一系列管理制度，鼓励有条件的员工加入内训师队伍。通过开展师资队伍的动态管理，进一步优化教师队伍结构，并逐步形成以内训为主的培训体系。

三、完善人才激励机制，激发人才队伍活力

（一）积极推行竞争性选人用人机制

进一步实行岗位聘用和管理制度，加大由身份管理向岗位管理转变的力度，坚持公开、平等、竞争、择优的原则，制定完善、科学的人才选拔和任用程序，采用直接聘任和公开竞聘、招聘、选任及委任等多种方式给员工创造选择岗位的机会，并辅以定期考核评价机制，实行动态调配、管理，逐步建立和完善择优录用、竞争上岗的新型用人机制，全面激发人才队伍活力。

（二）建立员工多渠道职业上升通道

结合华电集团职位序列管理办法，对现有的岗位序列体系进行梳理、调整和完善，建立设置科学、激励有效的岗位职级序列体系，明确岗位或待遇晋升的标准，避免人才成长通道局限于传统的单一行政晋升通道。引导各类员工特别是专业技术、技能岗位员工安心本职工作，沿着各自的职业通道发展，实现岗位成才和自身价值。

（三）完善收入分配机制

发挥薪酬分配促进人才成长的动力保障作用。按照职位、职级序列，制定相应的薪酬分配办法，集中有限资源强化核心人才激励，重点向重要岗位、关键岗位和艰苦岗位上的一线员工倾斜，调动各级、各类岗位上的员工成才的积极性，鼓励员工根据自己的职业特点、专业特长有规划地成长、成才。出台鼓励特殊人才、优秀人才脱颖而出的奖励政策，树立人才强企理念，科学、合理地调整分配策略，充分发挥薪酬分配的动力保障作

用，增强各级、各类人才的内生发展动力，营造人才队伍建设的良好氛围。

（四）改进绩效考核体系

全面修订企业绩效考核办法，将人才队伍建设纳入企业年度绩效合约考核体系，提高绩效管理的科学性、全面性、客观性。进一步完善公司系统全员业绩考核体系，制定全员业绩考核工作管理办法，充分发挥业绩考核的激励和导向作用，激发广大员工的潜能，充分调动员工工作的积极性、主动性和创造性，实现员工与企业的共同发展。

四、营造尊重人才氛围，优化人才发展环境

（一）发挥宣传作用

加强人才宣传，公司内部报刊与网站，各单位简报、墙报、微信公众号、网站等载体结合阶段性人才工作重点展开宣传；及时宣传各种人才典型，报道员工爱岗敬业、成才奉献的先进事迹；定期组织开展优秀企业经营管理者及其他相关评选和表彰活动，加大对其业绩的宣传力度，弘扬其创新、敬业精神；从扶持政策获取、资格评定、优秀表彰等多个方面为企业人才积极争取晋升机会，形成尊重人才、重视人才价值的舆论环境。

（二）加强企业文化建设

发挥企业文化的导向作用，通过文化建设把广大员工的精神追求、理想信念、价值追求凝聚到企业的发展目标上来，从而使员工产生强烈的归属感和荣誉感，最大限度地调动员工的积极性和创造性，促使员工形成正确的价值观和行为准则，从而形成企业发展的合力。

第三章 人才培养精益管理实践应用

【案例3-22】 生产员工培训模式精益管理

近几年来，华安水电厂年轻生产员工规模呈现出逐步增长的趋势，传统的培训模式已不具备优势，打造创新的培训模式，让年轻生产员工靠得住、顶得上，防止出现技术断层，显得日益迫切。为此，华安水电厂组建了员工培训精益管理团队，以生产副总经理带领相关部门负责人和年轻生产员工共同完成这个课题。

一、诊断

通过数据对传统培训方式存在的问题进行分析。

（1）对在岗人员学历现状和专业技术人员能级结构进行诊断，可以看出该厂具有大专及以上学历的员工占78.6%，员工普遍学历高，但获中高级职称的员工仅占27.07%，员工存在安于现状、职业生涯规划不清晰等问题（图3-166、图3-167）。

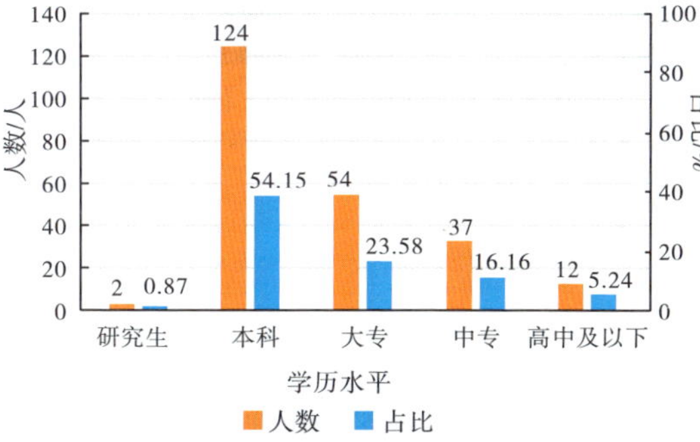

图3-166 在岗人员学历现状

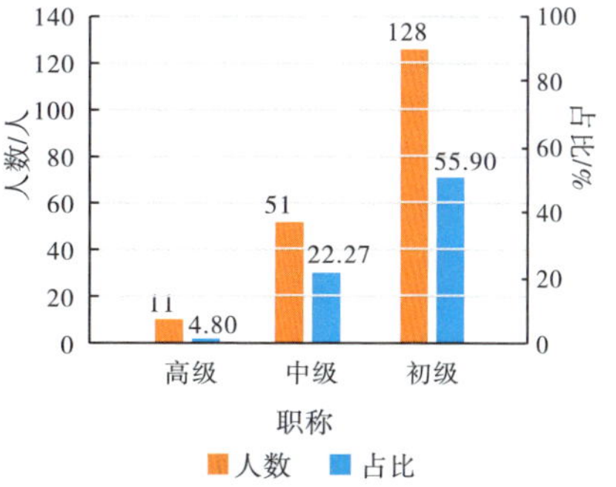

图3-167 专业技术人才结构

（2）开展员工思想动态、教育培训调查，调查结果显示华安水电厂员工对教育培训满意度不高（图3－168）。

第1题 基本信息

选项	小计/人	比例/%
男	81	69.83
女	35	30.17
本题有效填写人次	116	

第2题 您的年龄

选项	小计/人	比例/%
28岁以下	4	3.45
28~35岁	8	6.90
36~50岁	71	61.21
51~60岁	33	28.45
本题有效填写人次	116	

第3题 满意程度

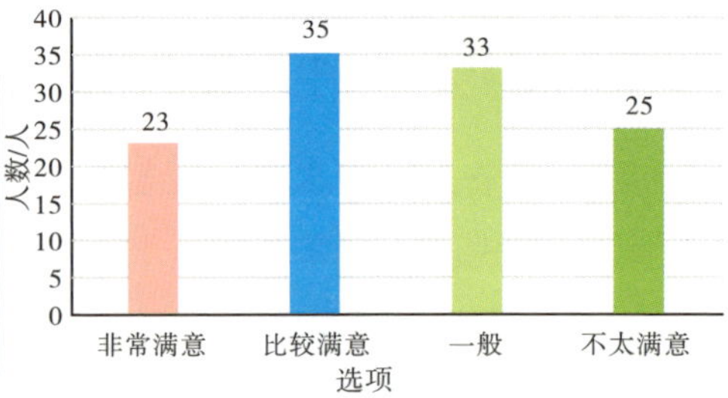

图3－168 华安水电厂员工教育培训满意度调查

（3）对在岗人员的年龄结构现状、培训方式进行分析，发现36岁及以上的员工占89.66%，知识结构老龄化，大多由部门导师培训，培训效果不佳。

（4）对新员工的转正成绩进行统计，发现新员工转正成绩80分以下的居多，80分以上的比例不高，培训成绩没达到预期（图3－169）。

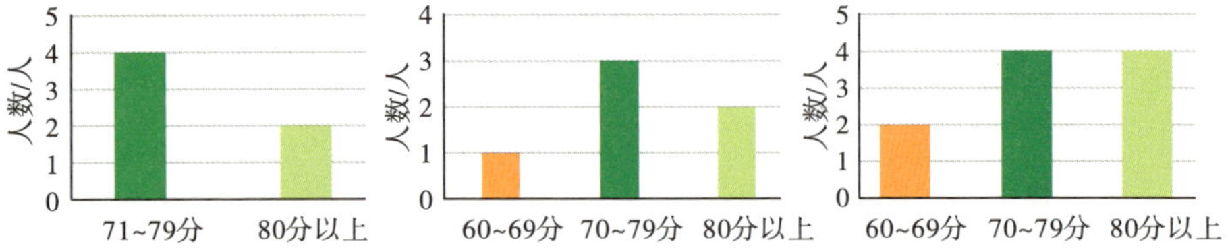

（a）2014年新员工转正成绩　（b）2015年新员工转正成绩　（c）2015年新员工转正成绩

图3－169 2014—2016年新员工转正成绩

二、分析

针对诊断出的四个问题，经过调查、探讨、汇总、分析，找出了四个方面的原因。

（1）对新员工思想引导不够，新员工对未来的发展方向普遍存在迷茫心态，安于现状，导致其职业道路不清晰。

（2）缺少专用培训场所，培训形式单一，枯燥的培训无吸引力，导致员工对教育培训满意度不高。

（3）培训导师局限于本部门，授课范围有限。重理论、轻实践导致培训效果不佳。

（4）缺乏有效的考核措施，放养式培训，压力感不够，导致培训成绩没达到预期。

在对诊断出的四个问题进行改善前，我们设定了双百目标，即成绩 80 分以上的员工比例达到 100%，定向培训完成率 100%（图 3－170）。

图 3－170　新员工培训场景

三、改善

针对诊断出的四个问题做了四方面的改善。

（1）思想引导方面，着重对新员工心态迷茫这个重要因素进行改善，采取三个措施。

①厂情引领。带领新员工到企业文化展厅参观、学习，了解企业发展历史和企业精神，进行文化融合。

②交流引导。厂领导和部门主任与新员工相互交流，对新员工进行思想引导。

③榜样激励。邀请华安水电厂荣获华电集团劳模、漳州市劳模、华电集团技术能手等荣誉的优秀员工与新员工分享成长、成才经历，激励新员工学有方向，赶有目标。

（2）体验学习方面，着重对培训枯燥这个重要因素进行改善，采取三个措施。

①自拍、自导、自演安全技能视频。根据安全生产九项基本技能教材，新员工自拍、自导、自演华安水电厂首部安全技能视频，在有趣的体验式拍摄中学会了基本技能。历时3个多月，新员工深入厂房各个角落进行取景拍摄，共拍摄了12个视频。通过拍摄，新员工完全掌握了安全基本技能。

②建立安全技能培训室。新建成的安全技能培训室的主要作用是落实“鼎”安全文化，营造人人知晓的氛围，利用智能触控一体机视频演示和通报学习，模拟现场工作场景，让员工身临其境，亲自体验。通过看板、视频、场景模拟等载体创新培训模式，使体验式培训更具吸引力。安全生产基本技能看板目视化，文字与图片结合，通俗易懂。现场搭设规范脚手架，使每个员工都可以体验过程风险防控，并保证员工均能正确掌握。

③人人轮值上台当老师。新老员工轮流制作PPT并讲课，上台当老师，提升能力的同时促进相互学习。

（3）技改练兵方面，着重对缺乏实践这个重要因素进行改善，采取三个措施。

①邀请各专业技术带头人授课，分阶段向新员工讲解电气、机械、水文等知识。

②现场与实践结合，在机组检修期间给新员工现场讲解，走引水渠道，了解水工建筑物。

③现场考问讲解，对年轻的生产员工现场考问讲解，检验其实践操作能力，增加学习压力，让新员工化压力为动力。

（4）定向培训方面，着重对考试考核这个重要因素进行改善，采取三个措施。

①分七个阶段安排，由各专业导师培训讲解，并对各阶段应知、应会内容进行考试考核。要求各阶段考试平均分在82分以上，为后续的转正定级、综合考评奠定坚实基础。

②建立员工培训档案，作为转正综合测评的参考依据。

③转正综合测评模式，这也是本课题的特色之一。综合成绩由笔试

（60%）+面试（40%）组成，面试部分包括四个环节，即 PPT 学习成果展示、抽取安全工器具演示、抽取问题回答、评审组随机提问，厂领导以及各部门主任等均到场参加新员工转正综合测评。“量身定制”的培训模式让 2017 年新员工平均转正成绩达到 83.8 分，60～70 分段的员工人数降为 0，80 分以上的员工比例达到 100%，完成之前设定的双百目标。

2017 年，7 名新员工顺利竞聘到生产岗位上。近几年来，新员工转正顶岗人数共 28 人。倡导“识才重德、人尽其才”的人才理念，搭设“阳光赛马”岗位晋升平台，通过公开竞聘，年轻生产员工在中层助理及技术管理等岗位选拔中脱颖而出。通过实行这种创新培训模式，年轻生产员工也不断成长起来，成功竞聘到专责、值长、副班长等关键岗位。其他生产员工也活跃在检修技改各作业面中，成为生产一线各岗位的得力干将。除此之外，公司员工在福建省、漳州市总工会职工“五小”创新大赛中屡获佳绩，多名年轻生产员工荣获漳州市职工“五小”创新能手称号（图 3－171）。

图 3－171　新员工竞赛场景

四、标准化

制定相应的管理标准，包括新入职员工见习期培训指导意见、安全生产教育培训管理办法、技能竞赛管理办法。

改变传统的生产员工培训模式，从思想引导、体验学习、技改练兵、定向培训四个维度出发，创新生产员工培训模式，打造高效的培训方法，实现考评成绩 80 分以上的员工比例达到 100%，定向培训完成率 100% 的双百目标，促进年轻生产员工成长、成才，让年轻生产员工成功竞聘到关键岗位，形成人人皆有才、人人皆可成才的良好氛围。

（本案例由华安水电厂提供）

【案例3－23】 新员工入职培训精益管理

近几年来，金湖电力公司技术人员进入自然减退高峰，年轻员工成长周期需缩短，传统的培训模式已经不具备优势。为了缩短年轻员工的培养周期，加快年轻生产技术人员成长、成才，防止出现技术人员断层，更新现有的培训模式变得尤为迫切。

一、诊断（从企业痛点找工作目标）

通过调查新员工现状，组织新老员工进行交流、讨论，发现存在以下问题。

1. 培训职责不清晰

导师觉得新员工应主动学习，新员工觉得导师应尽到督促之责，职责不明晰导致培训双方积极性不高。

2. 培训过程管控不到位

监督部门只验收培训结果，忽略培训过程，培训节点缺乏管控导致培训过程未受监督。

3. 实习阶段发现能力不足

新员工遇见什么就学什么，知识没有形成体系，导致理论知识不牢固、实际操作不熟练。

4. 专业知识未真正体系化

导师排班时间不固定，新员工接受知识的过程断断续续，传统的“师带徒”方式暴露出知识碎片化的弊端。针对已知问题立刻召开研讨会议，共同商讨方案。从厂部、部门、导师和新员工四个方面探究解决办法，计划从培养方案、授课人员、新员工职业生涯三个方向解决问题（图3－172）。

图 3－172　通过头脑风暴讨论方案（研讨会）

二、分析（从细化职责到落实职责）

（一）要因分析

1. 厂部角度

金湖电力公司对新员工思想引导不足，导致新员工职业生涯规划不清，对未来迷茫，缺乏学习的主动性。

2. 部门角度

部门职责不清晰，行动目标不明确。没有明确的培训目标，也没有明确的职责分配，导致部门拖沓且缺乏培训积极性。

3. 导师角度

导师时间不足，工学矛盾初显，一对一的授课模式暴露出知识碎片化的弊端，导致培训未成体系。

4. 学员角度

新员工缺少有效的奖惩机制，放养式培训压力不足，导致培训没有达到预计效果。

（二）确定目标

为实现“提升单位人才优势的核心竞争力，为金湖电力公司的发展带来更全面的收益”的目标，金湖电力公司确立了新员工培训的三项目标：

一是在完成新员工培训工作的同时，将员工培训时长缩短50%。

二是提高新员工专业竞争力，使其培训输出成绩达80分及以上。

三是输出一套适合公司的人才培养制度。

三、改善（从积累经验到收获成果）

（一）厘清责任制度明确方向

根据不同岗位的实际需求，结合金湖电力公司的发展战略，制订“重实践、求实效、多样化”的培训计划。分别制定了《金湖电力公司新入职员工管理办法》和《新入职员工培训方案》等，其中详细规定了培训组织、培训管理、新入职员工在培训期内各阶段必须完成的培训内容、标准、考核考试办法、奖励和惩戒等。根据新员工考核成绩实施部门奖惩，新员工根据考核成绩得到奖励，导师奖励与新员工业绩挂钩（表3－71）。

（二）封闭培训营造学习氛围

近年来，新员工培训将阵地转移到了距离泰宁和将乐县城单程需40分钟的良浅水电厂。从07：30到19：30，都安排有活动。无论是晨间锻炼还是理论学习，现场实操还是每日小测，就连晚间新闻时间都在良浅电厂里，保证无外界干扰，使新员工全身心投入培训。

（三）破旧立新开启新型模式

之前的单一导师制限制了新员工提升知识、技术水平和能力，使人才的成长通道变得单一。而双导师制度在单导师制的基础上，开发青年员工成为资深导师的助教，是单导师制度的升级版。青工导师以课件制作和具体项目实施为主要目标，解决学员的工学矛盾。资深导师以课件审核和难点重塑为切入点，对培训进行具体把控和管理。这样既可以使青年员工成为既懂理论又会操作的实用型人才，又能提升青年员工的授课能力，达到知识迭代、沉淀精品课程的目的。

表 3－71 培训内容

培训内容	日期	青工导师	资深导师
发电机知识	12 月 10—17 日	崔×	徐××
水轮机运行规程	12 月 17—24 日	姜×	廖×
变压器运行规程	12 月 24 日—1 月 2 日	姜×	徐××
励磁系、调整器系统	1 月 2—7 日	姜×	廖××
计算机监控系统、继电保护装置	1 月 7—14 日	崔×	廖××
高压配电系统、400V 配电系统、电气一次、厂用电系统部分内容	1 月 14—21 日	姜×	廖××
柴油发电机、直流系统、微机防误系统、消防系统	1 月 21—28 日	姜×	廖××
弧门控制，泄洪闸门现地操作，辅机设备，水工水文，辅机及油、水、气系统部分内容	1 月 28 日—2 月 2 日	崔×	廖××
第一部分综合测验	2 月 12 日	崔×	徐××、廖××

（四）理论技能双线提升

在每日教学的基础上，实行理论和实操并行的模式。上午为理论培训，包括规章制度、行业规范、操作流程、职业安全等。下午为实操培训，即根据上午的理论课程进行实地学习。

将新员工培训与机组大修结合，让新员工感受机组内部的实际情况。新员工进入大修现场前必须预习相关设备课程，并通过仿真系统进行操作训练。现场也采用翻转课堂教学模式，即新员工带着问题主动询问导师，导师言传身教的教学模式，让实地教学由浅入深，不枯燥（图 3－173）。

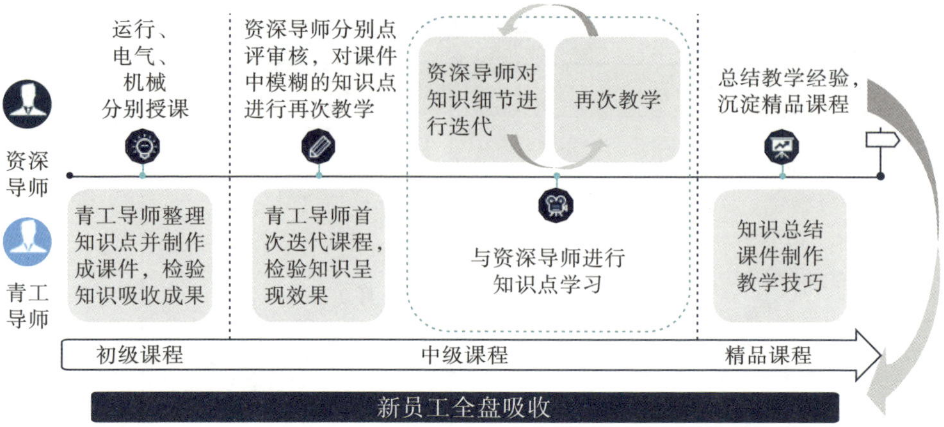

图 3-173　新型培训模式

（五）积分制度激发学员潜力

导师每周至少安排一次考试，职能部室随时抽考安全规定，对每位学员的培训情况进行实时点评、反馈，并将成绩公布于“龙虎榜”（图 3-174），对考核不合格的学员进行约谈。积分上墙不仅提高了新员工的学习积极性，还提高了培训团队的教学主动性。

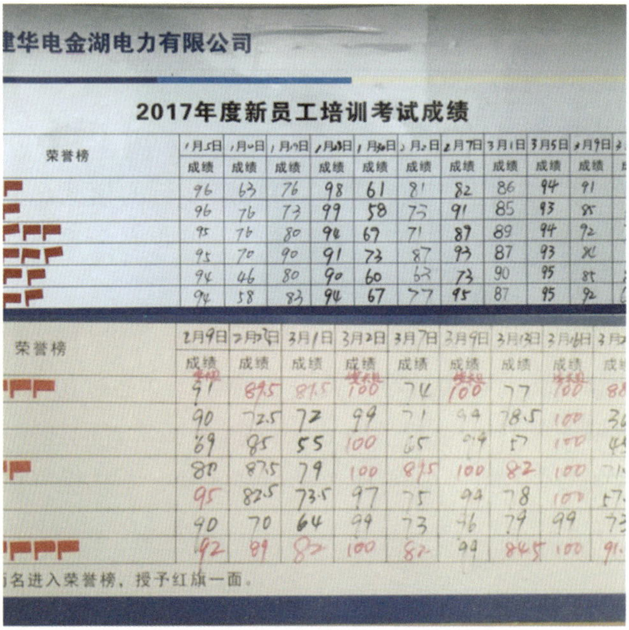

图 3-174　公布新员工培训成绩

培训小组每日对参训学员进行随时随地的线上、线下问题抽查，对往日培训内容进行巩固，教学不分时间和地点。

（六）完成培训目标

缩短培训周期：实施新的培养计划使得培训周期由原来的 1 年缩短至现在的 6 个月，培训周期缩短 50%。

顶岗成绩攀升：对比前后培训成绩，更改培养计划以来，顶岗成绩逐步攀升，现有新员工顶岗成绩达到 80 分以上。

职业生涯加速：实行新的培养计划以来，2016 年 4 月 1 日入职的新员工已担任值长；2017 年 3 月 1 日入职的新员工聘任 2018 年新入职员工的实操培训师。2018 年入职的新员工参加福建公司技能比武获得二等奖。2016—2018 年入职的新员工都能提前顶岗。比学赶超氛围浓烈，形成良性循环。

（七）沉淀精品课程

5 个月内沉淀出优质 PPT 课件 10 份，水电厂新员工微课数量 61 份。目前所有微课均挂上福建公司微光学堂平台，并得到高度认可。平台进一步向金湖电力公司邀约水电厂新员工培训课程。

四、标准化（从实施标准化到提升竞争力）

经过一年的尝试和调整，金湖电力公司将双导师、积分“龙虎榜”、双线抽考等固化于制，汇入新员工培训管理办法中。金湖电力公司在新员工的培训方面取得了一些进展，在未来的日子里，金湖电力公司将继续探索新的人才培训方式，为以后的人才开发打下基础。

金湖电力公司聚焦人才强企，改进人才培养工作方法，创新人才培训工作机制，优化人才企业成长生态，厚植人才可持续发展底蕴，逐步建立了具有电厂特色的人才培养模式。在反复实践和多次创新中，通过实施基于岗位需求培训的精细化管理，有效地提高了员工的专业技术水平，实现了近年来电厂新入职员工综合能力的持续提高。

（本案例由金湖电力公司提供）

【案例 3-24】 新形势下人才提升精益管理

一、课题背景

可门发电公司近几年机组重大技改、异动较往年多，对人员技术要求更高；引入国外投资项目需要大量人才；人员流动性大，2019 年调离与辞职人员共有 17 人，厂内调动 4 人，系统内调入 8 人；新的电力格局需要突破原有的培训理念，创新培训模式。

二、诊断

（一）现状诊断

1. 在岗人员紧缺

发电部本身人员较少，现为最低配置，引入国外项目需要抽调大量高岗位技术人才。

2. “三新”人员占比高

主值、副值及以上岗位两年内入职的年轻员工有 63 人，占高岗位人数的 76.8% 以上，巡操基本为 2018 年和 2019 年入职的人员，培训压力大。

3. 备员率低

高岗位备员少，高岗位人员年休、疗养安排困难。

（二）指标诊断

1. 人员结构

对发电部人员结构进行岗位序列偏差分析发现，发电部人员现为最低配置，各专业缺人严重，特别是集控、脱硫专业。

2. 人员需求

引入国外投资项目需要抽调大量高岗位人才，发电部将面临高岗位人才备员少，低岗位人才晋升后经验不足等情况的人才储备压力。

调取历史数据发现，部门新转岗、新晋升、新员工人数占部门总人数的 36.9%，占比高，技术水平参差不齐。

（三）设定目标

（1）备员率：提升至10%。

（2）顶岗时间：新员工顶岗时间由12个月缩短至8个月。

三、分析

（一）培训方面存在的问题分析

培训方面存在的问题及分析如图3－175、图3－176所示。

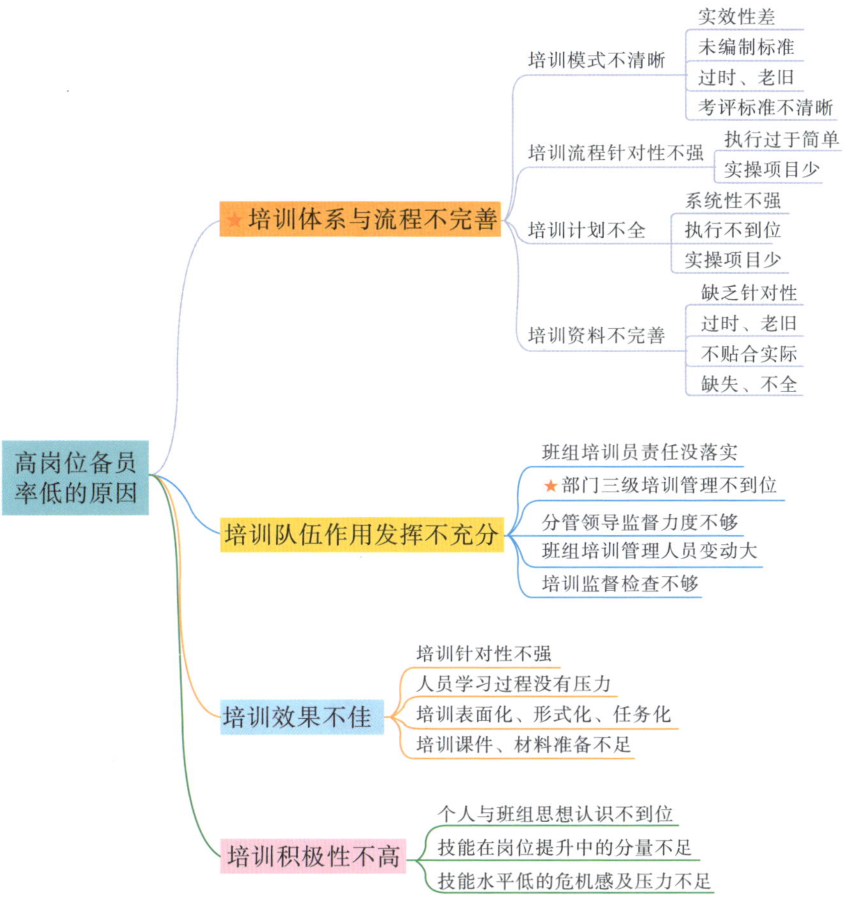

图3－175　高岗位备员率低的原因分析

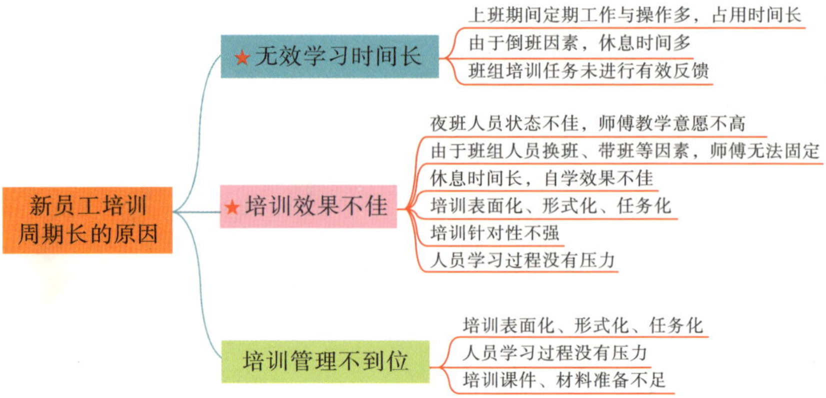

图 3－176　新员工培训周期长的原因分析

（二）因素分析

1. 培训体系与流程不完善

（1）对专工参与培训管理力度不够；

（2）各专业监督检查力度不够；

（3）任务闭环反馈程度不够；

（4）培训模式不清晰；

（5）培训计划过于单一；

（6）培训内容针对性不强；

（7）培训手段过于简单；

（8）培训资料不完善。

2. 培训队伍作用发挥不充分

培训队伍作用发挥不充分原因分析如图 3－177 所示。

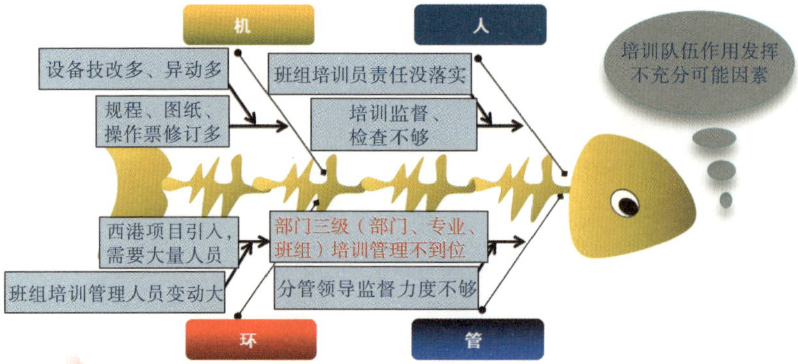

图 3－177　培训队伍作用发挥不充分原因分析鱼骨图

培训队伍作用发挥不充分的重要影响因素是部门三级培训管理不到位。班组监督、专业监督、部门监督均不到位。

3. 新员工培训周期长

利用精益 JIT 思维制作新员工培训周期价值流程图，发现新员工培训周期较长，长达 12 个月（图 3－178）。

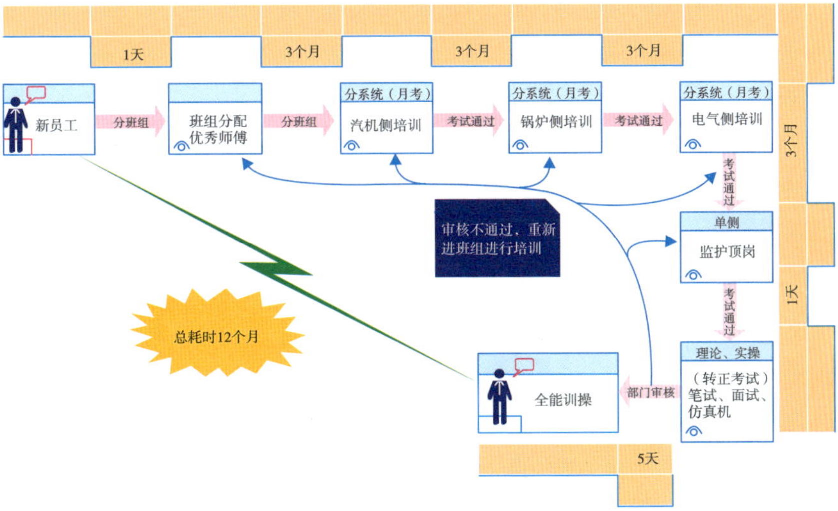

图 3－178　新员工培训周期价值流程

经过对新员工整个培训周期进行细致分析发现，剔除无效时间，实际有效培训时间为 588 小时，折合为 24.5 天，应进行改善（图 3－179）。

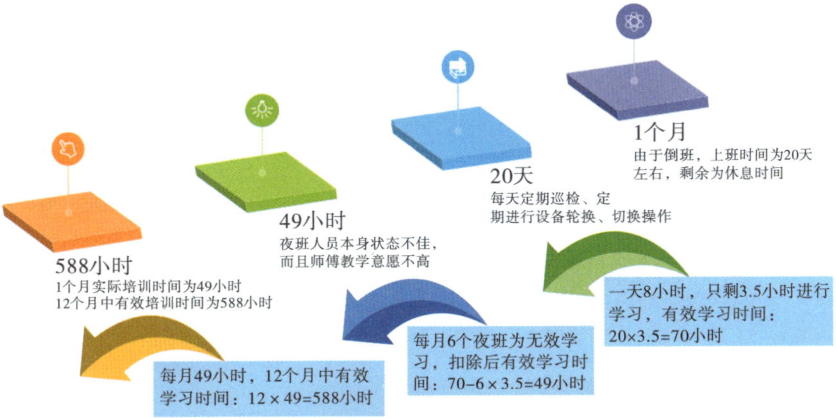

图 3－179　有效培训时间分析

（三）要因确认

课题小组最终从影响因素中确定了4个要因：

（1）培训体系与流程不完善；

（2）部门三级培训管理不到位；

（3）新员工无效培训时间长；

（4）新员工培训效果不佳。

四、改善

培训手段创新分析如图3－180所示。

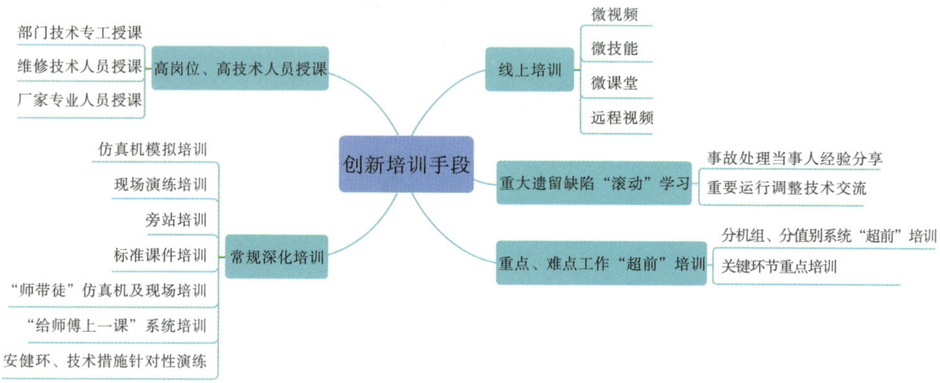

图3－180　培训手段创新分析

（一）备员率低：培训体系与流程不完善

1. 培养高质量技术人才

（1）邀请厂家专业人员授课；

（2）邀请维修技术人员授课；

（3）由部门技术专工进行授课；

（4）现场设备解体内部结构授课；

（5）新员工利用微视频、微技能、微课堂、远程视频进行学习。

2. 培训材料创新优化

（1）仿真机视频制作；

（2）仿真机教材编制；

（3）不安全事件汇编；

（4）标准课件完善；

（5）岗位技能优化。

（二）备员率低：部门三级培训管理不到位

（1）任务导向，强制下达任务；

（2）线上与线下培训并行；

（3）职位序列改革与培训相结合；

（4）季考变月考。

（三）新员工培训周期长

1.“无效学习时间长”改善

（1）合理利用上班时间（8 小时/天）；

（2）有效利用因巡检、操作而浪费的无效时间；

（3）有效利用因夜班状态不佳而浪费的无效时间；

（4）吸收培训内容更密集化、有效化。

2.“培训效果不佳”改善

（1）采取“三个面向”，即面向技能、面向现场、面向实操，一改传统培训模式；

（2）高岗位、高技术人员（部门技术专工、维修技术人员、厂家专业人员）授课；

（3）线上培训与生产现场相结合（微视频、微课堂）；

（4）加大培训期间考核力度，激励培训。

对新员工培训模式进行全方位调整与优化，使培训更立体化、系统化、规范化，新员工顶岗能力不断提升，培训周期大大缩短，由原来的 12 个月缩短至 6 个月。

（四）效果验证

经过精益改善，进行数据统计，截至 2020 年 11 月，高岗位备员率提升至 20.4%。

通过引入精益管理，新员工培训工作达到了提高全员技能水平的目的；至 2020 年 11 月，可门发电公司未发生人为误操作事件，不安全事件次数为 0。

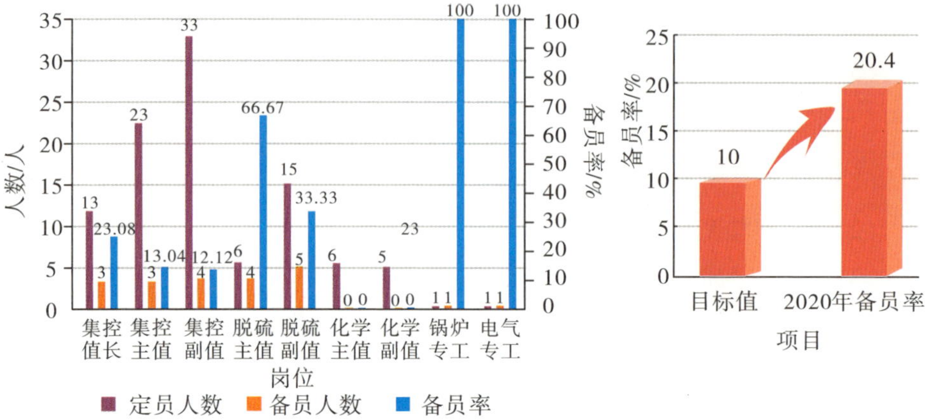

图 3－181　2020 年部门备员情况

五、标准化

成果标准化：制作 28 个仿真机视频与 51 节微课；优化并完善 40 个标准化课件；编制并修订多本培训教材。

（本案例由可门发电公司提供）

【案例 3－25】　职工创新创效精益管理

一、选题背景

党的十九大报告中，习近平总书记强调“创新是引领发展的第一动力”。近年来，华安水电厂工会组织开展的职工创新创效活动已经充分显现了强大的生命力和适应力，但是在实践中，职工创新创效活动仍然存在一些问题。

二、诊断

（一）厂内创新创效成果数量呈下降趋势

华安水电厂三年来创新成果数量及获奖情况：

2016年创新成果12项，其中，一等奖4项、二等奖4项、三等奖4项；

2017年创新成果15项，其中，一等奖3项、二等奖5项、三等奖7项；

2018年创新成果6项，其中，一等奖1项、二等奖2项、三等奖3项。

（二）厂外创新创效成果质量呈下降趋势

华安水电厂职工创新创效成果在厂外的获奖情况：在漳州市获奖13项，在福建公司获奖9项，在福建省获奖4项，在华电集团一直未实现零的突破。

（三）创新创效推广存在不足

创新创效项目大多只在华安水电厂或者相关部门推广，在行业内并没有得到广泛应用，建立一个积极、有效的项目推广模式是创新创效工作所要思考的问题。

（四）目标设定

（1）提高创新创效项目的质量；

（2）争取荣获华电集团以上层面的奖励。

三、原因分析

（一）创新工作积极性不高

根据统计，创新创效成果上报中，检修部占60%，水工水务部占30%，发电部、信通部和电力发展公司占5%。

（二）创新工作管理不到位

牵头部门工会办公室未结合企业年度工作任务制订责任目标，项目责任分配到部门、班组过于随意，部门、班组未层层抓落实，管理滞后。

（三）创新工作宣传不够

创新工作宣传不够，创新创效氛围不浓厚（图3－182）。

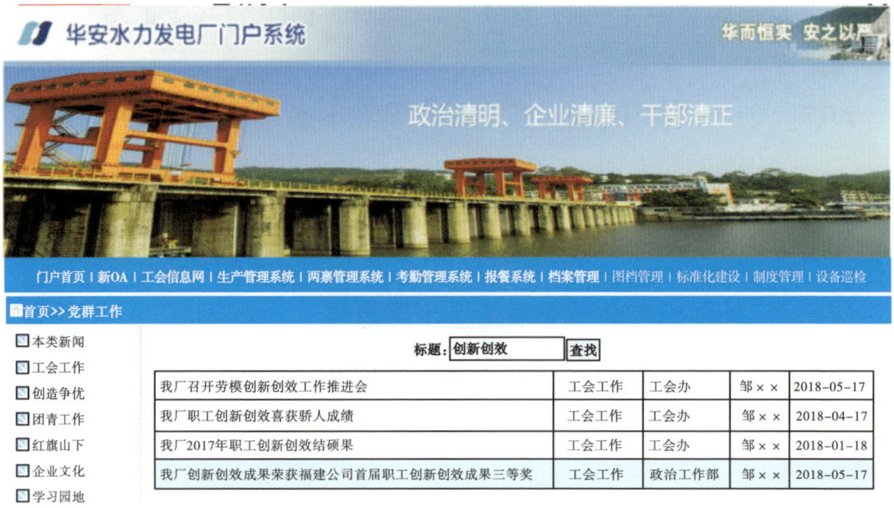

图3－182　华安水电厂门户网站宣传情况

四、改善阶段

（一）致力“三培育”，技术创新劳动竞赛氛围好

1. 培育创新思维

创新是引领发展的第一动力，围绕企业中心工作，积极引导职工牢固树立国家创新发展理念，不断增强创新意识和提高创新能力，立足岗位开展技术创新、服务创新和管理创新。

厂工会在创新劳动技能竞赛活动思维上下功夫，注重人才与创新、质量与效益的有机结合，把职工技术创新嵌入企业生产和管理链条，促进劳动技能竞赛由速度型、智能型向效益型、创新型转变，不断提高劳动技能竞赛的知识含量和科技含量，职工技术创新蔚然成风。

2. 培育职业精神

大力弘扬劳模精神、劳动精神、工匠精神，培育职工“爱岗敬业、勤奋工作，钻研技能、精益求精，敢于创新、追求卓越”的职业精神，通过诚实劳动和创造性劳动实现人生梦想、创造美好生活。

在劳动技能竞赛中，华安水电厂涌现出具有优秀职业精神的劳动模范代表，创新创效带头人张庆云荣获华电集团第六届劳动模范荣誉称号，随后被提拔为生技部副主任（主持工作）；生技带头人何世杰荣获 2018 年漳州市劳动模范荣誉称号。厂工会积极倡导职工向他们学习，用劳模的优秀品质引领广大职工养成良好的职业精神（图 3－183）。

图 3－183　技术创新劳动竞赛情况

3. 培育技能素质

以提高职工技能素质和创新能力为着力点，以构建终身学习长效机制为基础，坚持推动企业发展与促进职工全面发展相结合，推动提高职工技能素质与培养技能创新人才相结合。

依托福建公司"3＋3"全员轮训和"三比三促"技术大比武活动，厂工会组织开展岗位练兵、技术比武、技能比赛、师徒帮教等活动，为劳动竞赛提供人才基础，大量的技术工人从大赛中脱颖而出，打破了年龄、学历、职称的限制，凭借比赛的优异成绩获得了相应的职业资格证书，步入了技能成长的"快车道"。其中，华安水电厂职工获评华电集团技术能手 3 人，福建公司技术能手 7 人。

（二）坚持“三作为”，技术创新劳动竞赛实效好

1. 在技术革新方面有所作为

开展针对性、实效性强的技术创新劳动竞赛活动，从解决生产经营中的“急、难、新”问题入手，鼓励职工立足岗位，从事技术改造革新。

连续两年召开厂职工创新创效成果评审发布会，共发布34项创新成果项目，取得了较好成效。其中，“回旋式自动清污机缺陷改造”课题获得福建公司第二届职工创新创效一等奖，“拦河闸坝静力水准仪防冻液加注方式创新”“一厂技术供水取水口拦污栅改进”“关于一厂开机过程中发电流量建议实施方案”三个课题获得三等奖。

在集控中心建设中，生产一线职工苦心钻研，通过技术创新，采用两厂共用一套设备外送数据的做法，既有效提高了系统运行的稳定性，同时也减轻了设备的维护工作量，并且一次性减少约50万元的设备采购成本以及每年约10万元的通道维护费用。

2. 在发明创造、先进操作法等方面有所作为

积极引导职工立足岗位发现问题，并提出解决问题的办法，为企业提质增效增添新动力。

经过长期摸索和实验，检修部的“重锤拔销器专用工具”和“创新高效的继电器检验平台”两项发明有效解决了机组大修工作中的难点问题，获得漳州市2017年百万职工“五小”创新大赛优秀成果二等奖，同时申报专利并获得国家批准。创新实施“华安二厂优先一厂发电”调度操作法，平均每年增加发电量3673万kW·h，增加营业收入1101万元、净利润866万元，提高了企业的经济效益。

3. 在“金点子”“合理化建议”方面有所作为

深入开展“五小”、QC、合理化建议等群众性创新创效活动。

2017年“金点子”成果中，“高压线路装设线路故障报警装置”大大提高了判断故障地点的准确性，有效缩小了停电范围，提高了供电可靠性；“积极提高外委、派遣用工现场安全与施工质量”加强落实风险防控和隐患治理机制，进一步推进安全精益管理水平提升，有效防范、遏制人身事故发生，两项成果均荣获福建公司“金点子”奖。发电部郑锦东的“水电机组

冷却器改造”项目荣获福建省总工会2017年百万职工“五小”创新大赛优秀成果三等奖。

（三）建立“三机制+一平台”，技术创新劳动竞赛保障好

1. 健全组织领导机制

为确保技术创新劳动竞赛活动科学、合理、有序开展，华安水电厂专门成立竞赛工作领导小组和竞赛工作小组，在实施方案中明确工会的主导地位和各部门的相关职责，形成了“党、政、工”齐抓共管、层层推进、分级负责、上下联动的劳动竞赛格局，保证了竞赛的权威性。

2. 建立工作推进机制

紧紧围绕上级公司和企业年度工作计划，按照“三贴近”，即贴近目标任务、贴近重点工作、贴近机组检修，认真研究、分析企业各项工作中的重点、难点和薄弱点，确定技术创新竞赛的主攻方向，系统设计竞赛方案，制订出具体的工作计划、执行措施，确定活动载体。

3. 完善考核激励机制

为了有效保证技术创新劳动竞赛有序推进，近年来，华安水电厂先后组织修订、完善《劳动竞赛管理办法》《技能竞赛管理办法》《荣誉奖励管理办法》等制度，内容涵盖劳动竞赛范围、要求和奖惩等，使劳动竞赛活动做到有规可依，行之有序。对技术创新实行“奖励了再奖励”（行政奖励+工会再奖励），从工会经费中列出专项经费，对创新创效成绩突出的职工进行表彰和奖励。2016年，创新创效推出优秀成果15项，发放奖金8400元；2017年，创新创效推出优秀成果19项，发放奖金9300元，激发了职工立足岗位创新技术的积极性。2017年，3名生产一线技术骨干，精益管理、创新创效带头人被聘为技能专家；3名技术能手被提拔到中层助理以上管理岗位，大大拓宽了技术工人的发展空间。

4. 搭建劳模创新工作室平台

推进“张庆云劳模创新工作室”高效运作，不断激励职工立足岗位开展技术创新，激发创新意识和提高创新能力。

每年投入专项资金用于创新工作室研究探索和活动开展，为创新工作室配备电脑、传真机、投影仪等办公设备，夯实创新工作室创建基础。吸纳富

有创造力和研究探索能力的职工到技术创新团队中，目前技术创新团队有生产管理、安全监督、经营管理、后勤服务等专业技术人员 29 名。制定劳模创新工作室管理办法，针对年初确定的课题，不定期召开专题工作推进会，明确工作节点和任务，积极研讨课题攻关过程中存在的难点问题。

（四）改善成果

1. 拓宽技术工人发展空间

3 名创新创效生产一线技术骨干，精益管理、创新创效带头人被聘为技能专家；3 名技术能手被提拔到中层助理以上管理岗位。

2. 成立劳模创新工作室

张庆云劳模创新工作室，2018 年荣获首批福建公司职工创新工作室命名，2019 年荣获华电集团第三批职工创新工作室命名。

3. 积极申报实用新型专利

华安水电厂充分发挥“张庆云劳模创新工作室”作用，经过 2 年的高效运转，成果频出，4 个项目荣获国家实用新型专利证书（图 3－184）。

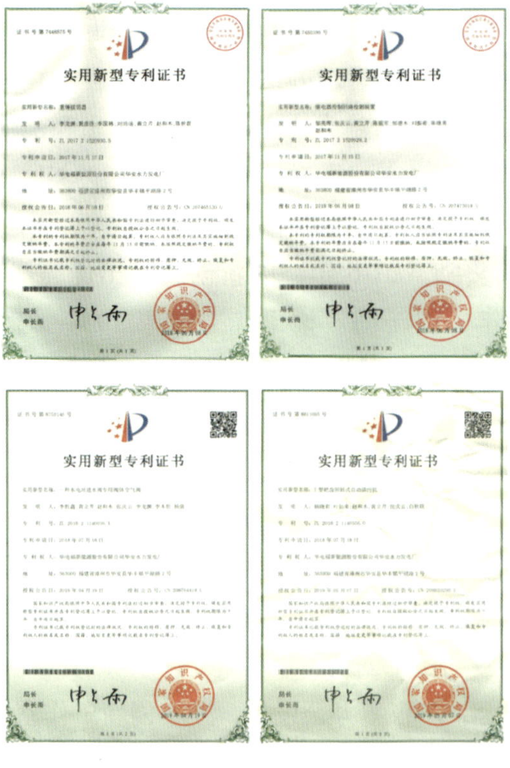

图 3－184　4 个项目荣获国家实用新型专利证书

五、标准化

制定职工创新创效实施细则并下发实施。

（本案例由华安水电厂提供）

财务管理篇

在习近平新时代中国特色社会主义思想和党的十九大及十九届历次全会精神的指导下，福建公司以全面领先的经营业绩，稳健的财务状况和精准、高效的财务管理，筑牢公司的经营管理根基。

随着新一轮电力体制改革的推进，发电企业面临的机遇与挑战并存，要在竞争激烈的电力市场占有一席之地，发电企业需要不断提升管理水平。财务管理作为发电企业开拓市场、做出决策的关键环节之一，贯穿于经营管理的各个环节，只有不断加强发电企业财务创新研究，把精益管理理念、方式、工具运用到财务管理工作中，不断优化管理流程并促进其高效运转，明确内控节点并管控到位，才能最大限度地减少浪费，提高工作效率和效益。

财务精益管理要围绕企业价值最大化的目标，建立精益化财务管理的长效机制，充分发挥财务管理在企业经营管理中的牵头作用，长期不断挖掘企业潜力，释放管理红利，降低成本费用，提高企业经营管理水平，提升企业经济效益。

本篇着重梳理发电企业财务管理工作流程，将精益管理思想运用到财务管理工作的各个工作环节，尽可能摆脱企业现行的粗放的财务管理模式，向精益财务转变，提升发电企业的市场竞争力。

第一章　发电企业财务管理概述

财务管理作为企业管理的关键环节，贯穿于企业实施经营战略和经营方针的全过程。财务精益管理理念的引入和应用对发电企业管理水平和公司发展质量的不断提高具有重要作用，为推动业财深度融合、资金效率提高、资产有效管理、税收风险管控等方面提供了新的思路。

第一节　财务管理现状

现阶段，发电企业的财务管理普遍存在以下几方面的问题：

一是领导者对财务管理缺乏认知和重视。很多发电企业的领导是从技术岗位升迁到经营管理岗位的，虽然熟悉一线工作情况，但是缺乏专业的经营管理知识，这给他们的思维带来了一定的局限。多数管理层认为企业的效益与财务管理没有直接关系。重生产和安全、轻经营和利润的现象在发电行业内普遍存在。

二是财务管理制度有待优化和改善。企业的财务管理制度不健全或存在缺陷，员工在执行时缺乏较为统一的标准和规范，容易产生错误、舞弊等管理漏洞，不仅影响了企业的管理效率，还会影响企业的长远发展。

三是缺乏市场竞争意识。很多企业的财务管理仍停留在会计核算方面，未能提早或及时预判市场变化，例如煤价的波动、电改政策的变化，没有及时制订灵活的财务措施；未能参与企业计划和决策，例如参与项目的经济性分析等。

四是财务监督不到位。财务人员虽然掌握了第一手财务资料，但仅专注于财务记录和简单的数据处理，无法发挥大财务管理模式下的资金监管和风险防控作用，无法及时控制、监督审计风险。

五是企业财务信息化水平不高。当前发电企业的ERP系统的一些功能没有得到很好的应用，ERP系统与报表系统、预算系统、燃料等其他业务系统无法实现友好集成，预算控制、大数据分析等增值功能还处于空白阶段，对财务精益管理也造成了一定的阻碍。

针对以上问题，发电企业亟待进行财务管理创新，应积极开展财务精益管理。

第二节　财务精益管理价值

财务精益管理作为精益管理思想的一个重要部分，主要是帮助企业消除不产生效益的业务，引导企业资金流向，从而实现价值最大化。财务精益管理可以更精准地管理企业的财务工作、提高工作效率、促进部门间协同。因此，正确认识企业发展中财务管理上存在的问题，并有针对性地解决，能实现财务精益管理的价值最大化。一套科学、合理的财务精益管理方案有利于监控财务风险、控制成本、减少浪费，提高企业经营管理水平，确保企业向有利的方向发展。

第三节　财务精益管理目标

一、财务管理特点

发电企业管理由生产管理、设备管理、人事管理、财务管理、物资管理、营销管理等组成。财务管理能够渗透到所有的业务活动中，与基建、生产、采购、销售等各个环节进行有机融合，促进生产、经营管理。企业所有内部环节都与财务管理密不可分，需要接受财务管理的指导、监督和约束。财务管理具有综合性强、覆盖范围广、灵敏度高的特点。因此，财务管理是企业经营管理的基础，也是管理中心，实现财务精益管理是建立全面精益管理企业的必然要求。

二、发电企业财务精益管理目标

发电企业的财务精益管理以预算管理为导向，应秉承“生产为经营服务”的理念，聚焦经营工作的关键要素，通过对有限的资源进行整合，控制成本，优化流程，提高企业的核心竞争力。实施财务精益管理的目标主要有以下四个：

一是要减少浪费动作。减少财务人员在日常活动中的浪费，例如无效沟通、使用不恰当的工具、信息传递不及时、新知识获取渠道不畅通。通过构建精益管理体系，减少浪费动作，提高员工的创造力和发散性思维能力。

二是要提高工作效率。运用精益管理工具，实行统一标准，完成财务制度、会计科目、成本标准、数据信息、业务流程、组织机构的“六统一”，做到事事有标准、人人有规范。

三是要培养精益的企业文化。鼓励员工精益求精，不断改进，持续进步，逐渐形成良性的精益文化，专注于抓好每一个环节，做到尽善尽美。

四是要提高企业效益。深化精益管理内涵，实现企业内部的有效控制，从价值角度分析，通过精益管理使财务人员监督、管控意识提升，为各项业务活动提供准确、高效、透明的数据支撑，进而提升企业的整体价值。

第二章　发电企业财务精益管理实施路径

以全面预算管理为工具，实施财务精益管理，对公司的经营和财务状况进行分析，科学、合理地对各财务活动进行财务和非财务的资源分配，并对执行过程进行控制与调整，对执行结果进行考核与评价。在实行财务精益管理的同时，要注意业务与财务的融合、长远目标与即期目标的平衡、刚性约束与柔性调控的结合；注重执行情况与目标值的比较，持续监督，掌握各业务单位的预算实施进程，并与奖惩机制挂钩，促进执行结果与目标值趋同，提升财务精益管理的有效性。

第一节　财务精益管理分析

随着科技的发展，大数据背景下的财务管理已经发生了很大的转变，对财务管理的模式和内容都有更高的要求。对于发电企业来说，财务管理关系着发电企业的长远发展，应该更加精细化和现代化。

一、诊断分析

财务精益管理围绕预算管理、资金管理、资产管理、税务管理等方面开展。

（一）预算管理诊断

发电企业的预算管理要坚持战略引领与价值导向，是对发电企业未来某一特定期间内全部的生产、经营资源进行整合、分配的财务计划。当前，发电企业在预算管理中普遍存在预算编制烦琐，职责不清晰；预算上报审批未留痕迹，上报不及时；预算分析数据统计烦琐，分析不够深入；与业务结合不够紧密，预算控制力度不够，执行偏差较大；预算调整不及时，失去其应有的指导管理的作用等问题。

（二）资金管理诊断

资金管理作为财务管理的核心，贯穿于企业的筹资、投资以及营运环节。在日益激烈的市场竞争中，“现金为王”一直以来都被视为企业资金管理的中心理念。要通过提升企业资金管理水平，提高资金使用效率，合理控制营运风险，不断加快企业自身的发展。当前，发电企业主要面临筹资决策不当、资本结构不合理、筹资成本过高或债务危机；投资决策失误，引发盲目扩张或丧失发展机遇，可能导致资金链断裂或资金使用效益低下；资金预算管理薄弱，调度不合理、营运不顺畅，可能导致企业陷入财务困境或资金冗余；资金活动管控不严，可能导致资金被挪用、侵占、抽逃或遭受欺诈等问题。

（三）资产管理诊断

发电企业属于资金、技术密集型企业，固定资产设备具有数量庞大、种类繁杂、价值高、覆盖范围广、层次复杂以及管理模式多样化的特点，且资产管理工作与资产使用环节结合得并不紧密，固定资产数据统计工作比较混乱，导致发电企业决策层无法及时掌握固定资产的信息和变化情况。近年来，国资委将“两金”压降工作作为落实新发展理念，深化供给侧结构性改革，开展提质增效、增收节支、降杠杆、减负债、防风险的重要举措，对“两金”管理工作提出了很高的要求。当前“两金”占用额度过高，部分发电企业资金周转困难，影响发电企业自身的生存和发展。

（四）税务管理诊断

发电企业因行业的特殊性质，收入相对单一和固定，征收的税种广，涉及增值税、企业所得税、城建税、教育费附加，以及印花税、房产税、土地使用税、土地增值税、契税、环保税等。尽管国家减税降费政策的出台使得增值税税负不断降低，但发电企业的总体税负仍较高。近年来，税收政策常处于变化之中，税务行政执法力度不断加强，这种税收环境的不确定性给财务人员开展税务筹划带来了较大的风险。

二、原因分析

（一）预算管理

经济发展对企业的预算管理提出了更高的要求，但在实际执行中预算管理仍存在一些不足。一是预算基础体系不健全，导致职责界定不清，部门间协作不畅，操作无章可循。二是预算编制烦琐，缺乏系统支持，工作量大，以财务为主，缺乏角色编制，导致预算内容不全面且准确性低。三是考核体系不严格，考核内容不全面、标准陈旧、考核奖惩未落实，预算控制力度不强。四是预算分析不到位，没有系统支持，直接获得分析数据，缺乏对问题的原因剖析和对改进方案的追踪反馈。五是预算调整不及时，缺乏滚动预算，未能随政策、市场等关键因素的变化及时调整预算。六是预算意识薄弱，普遍认为预算管理与公司战略关系不大，觉得预算工作是财务部门的事，未积极参与预算管理，导致预算与实际情况偏离，反映的内容不全面、不及时，使预算流于形式。

（二）资金管理

华电集团资金集约化管控，实现了资金的集中控制和统一调配，提高了资金的使用效率，降低了资金成本和金融风险。但是还有一些发电企业资金管理意识淡薄，资金管理手段落后，资金控制能力不足，使得资金使用效益低，出现“存贷双高”的现象；没有中长期现金流规划意识，造成资金断流风险；财务制度不健全，账户管理混乱，资金调拨不按流程和权限办理，造成企业资金的损失；违规对外担保，给企业带来不必要的经济责任和法律责任，从而导致企业深陷担保诉讼泥潭。

（三）资产管理

企业的资产包括固定资产和流动资产。

发电企业固定资产科技含量较高，品种多样，金额巨大。近年来由于技能环保改造的投入不断加大，发电设备技改频繁，价值变化快；资产维护涉及大量专业性的技术人员与设施，耗时长，技术复杂，因而管理难度也较大；固定资产实物管理实行专业化分工，导致财务与生产的资产信息始终处于一对多的状态，缺乏关联性。

流动资产管理效率低下造成“两金”居高不下，主要原因是电热费回收不及时形成坏账，煤炭库存未按发电量计划进行动态核定，占用流动资金，高科技因素融入电力设备导致历史备品、备件积压，形同低效、无效资产等。

（四）税务筹划

税务筹划是指企业在不违反税法规定的前提下，通过对经济事项进行事前安排，达到降低企业涉税风险，控制或减轻税负，实现企业价值最大化的目标。当前，发电企业财税政策筹划效果不好的主要原因有缺乏高素质的税收筹划专业人才；对税法规定理解不透彻；财税管理体系不健全，导致税务筹划方案失误；税收筹划宣贯不到位，也在一定程度上阻碍了税务筹划管理的有序开展。

第二节　财务精益管理体系构建

近年来，发电企业大力推广财务精益管理模式，不断在实际管理过程中积累成功的管理经验。财务精益管理是指企业要在实现转型发展的同时，完成财务管理转型升级，以促进企业的可持续发展。

一、贯彻标准化

标准化是财务精益管理的基础。在推进财务精益管理前，应首先建立与企业内部财务管理情况相适应的标准化管理体系，并对体系内部相对固定化的财务管理内容进行细致划分，从而贯彻标准化财务管理模式。

二、夯实财务基础

财务基础是财务管理的基本保障。只有建立完善的财务管理制度、夯实会计基础、建设完整的财会队伍，才能逐步推进财务基础管理水平迈上新台阶。通过夯实财务基础，弥补管理短板，强化风险管控，规范经营管理，有效提升财务经营管理水平，全面提高依法治企水平。

三、深化业财融合

财务管理工作范围不应局限于财务核算，应不断延伸、渗透到价值链的相关业务中。财务精益化管理模式要将生产管理与财务管理工作相融合，从运营基础上提升财务管理质量，使发电企业的预算工作真正实现全覆盖，实现全员参与财务管理工作，对财务管理工作进行全面、全过程控制，从客观角度夯实财务管理基础。

第三节　财务精益管理对策实施

财务精益管理是指以价值创造为主线，以财务文化、基础建设为出发点，运用全面预算管理工具，通过预算管理、资金管控、资产管理、税收筹划等手段，构建价值体系，推动企业财务管理转型升级、提质增效，为实现企业可持续发展提供有力支撑。

（一）全面预算管理

推进全员、全过程和全要素的全面预算管理理念，围绕公司战略发展、资源配置，推进全面预算管理工作的深化、优化，不断营造全面预算管理的良好文化氛围。改变预算“上报靠汇总、成果等决算，分析纸上谈”的做法，建立事前综合平衡、事中控制调整、事后考核分析的全面预算闭环管理机制，建立健全预算管理体系与机制。通过实行滚动预算机制，将预算分析贯穿于预算实施全过程，对已发生的月份进行总结、分析，根据利润目标对剩余月份的各项指标进行调整，并结合绩效考核督促执行，形成预算管理的闭环。

1．预算编制重方法

科学的预算编制方法可以提高预算编制质量，提高预算执行的准确性。在收入方面，根据社会用电增速、气象预测、跨省送出、区域机组运行、机组健康状况等因素，以全省电力电量平衡的方式，测算出与实际更为吻合的电量预算，降低执行偏离度。将发电经济运行纳入收入预算管理，建立生产、检修计划、煤炭调运等服从市场营销的经济运营管理方式，科学、合理地把握发电时机，同时研判煤炭价格年度变化趋势，优化机组运行方式。重视辅助服务市场、电力现货市场交易，参与预算决策，通过对市场化电量价格的形成机制进行分析研究，综合考虑公司实际成本和市场交易价格变动的因素，实时调整报价策略，最大限度地争取边际贡献。在成本方面，坚持以目标为导向，实施以“利润倒逼成本”的成本测算方式。电煤成本先财务、后业务。业务部门按照财务部门下达的发电量计划及燃料成本预算，完成对煤炭产量、铁路运力、港口存量、吞吐量、港口政策、海运市场、煤炭消费量的综合分析后，编制电煤采购计划，在充分考虑船期、滞期、仓储、配额等因素后，形成采购可行性分析报告，支撑预算决策。

2. 预算控制讲策略

推动预算事中控制常态化，建设滚动预算周期化管理，实时跟踪预算的落实情况，及时提供决策依据，增加盈利优势，削弱亏损劣势。一是注重“日控制、周分析”，对每日接收的电量、热量、耗煤量、掺烧量、热值差等对财务敏感度较高的业务指标进行简要分析，做到重大变化心中有数。二是定期召开周经济活动分析会，结合营销、燃料采购、生产计划等部门对市场、业务进行研判和分析，综合评估后，提出月度预算调整、修正的建议，发挥全厂力量共创效益，为经营决策提供有力支撑。

3. 预算分析强对标

深化全面对标管理，多维度分析预算执行情况，重视同区域电厂的横向对标（利用小时、入炉标煤价、固定成本、单位发电及容量边际利润等），实地走访沿海各家电厂，进行重要指标探讨和二次分析。重视自身水平的纵向对标（发电量、厂用电率、煤耗、等效利润等），梳理、汇总各年历史数据，形成分析图表。以集团先进值为标杆，历史最优值为目标，十年平均值为参考，将分析工作与技术经济要素、实际业务紧密结合，以最快的速度明确自身定位，做到在顺境中具备忧患意识、在逆境下寻求自身突破。预算分析从全面对标管理出发，在横、纵指标中提效，最终与全员绩效挂钩，实现预算分析与考核闭环管理。

（二）资金管理

通过对金融形势进行研判，将精益管理工具引入现金流管理体系，配置差异化的融资管理工具，做好对资金链的全流程管控。

1. 研判金融形势

近年来，国内信贷市场与信贷政策变化较快，2017 年金融机构全面退出“两高一剩”行业，不再新增火电授信。2018 年下半年宽松的货币政策带动利率走低。2019 年上半年，银行信贷投放压力大，对火电增信要求降低。2020—2021 年银行信贷持续宽松，存量融资接续变得容易，银行对发电企业的信贷支持度与国际形势、国家货币、产业政策等息息相关。因此，发电企业要在货币政策调整及转向上具有一定的前瞻性，提前对融资工作进行整体布局。

2. 保有话语权

首先，要保持与金融机构的沟通，做好银行关系维护和信贷资源保有工作；其次，要积极向银行展示企业的行业地位、管理背景、资本纽带关系、发展前景等正面形象，即使在经营困难时，也需要有突破困境的底气；最后，要充分获取信贷资源，不排斥与非银行金融机构进行沟通，随时保有议价能力。从目前来看，持续盈利是保有话语权最重要的利器，因此，提质增效工作的保障与落地，对融资方案的实施有积极的推动作用。

3. 控制负债规模

将资金预算作为全面预算的管理主线，以经营活动为起点、筹资活动为终点，按照现金余额的管控要求，将损益预算、资产负债预算、现金流量预算结合，确定全年融资规模压降目标。以年度、半年、季度、月度为滚动周期，在资金风险可控的基础上，进行提前分批小额还贷，优化债务结构，减少资金成本支出。

4. 压控融资成本

依托区域公司的融资优势，常态化开展短期融资，将电票结算煤款业务常态化；开展国内信用证、信托贷款等低利率融资；试水法人透支账户业务，在确保“迎峰度夏”期间储煤资金充足的情况下，通过缩短资金占用天数，达到日均余额和利息支出双降的目的。利用银行适度宽松的政策，开展高利率贷款的转换工作，提前锁定贷款基准利率下浮10%，尽可能降低资金成本率。

（三）资产管理

企业应将资产精益管理作为资产的运转支点，并秉承精益求精的原则，主动将精益管理理念运用到企业的资产管理中。

1. 固定资产财务精益化管理

一是要实行监控，打造账、卡、物一致的实时管控平台。针对存量资产类型多、规模大、分布广的特征，坚持采用“跨部门协同、跨专业沟通、跨系统共享”的工作方式，依托资产管控平台呈现出的资产状况和成本运行情况，开展资产多维分析展示，分析资产技术、经济指标，动态开展固定资产全方位监控，利用信息化技术远程盘点，实现存量资产动态精益化管控。

二是引入固定资产全生命周期管理理念。完善固定资产新增、运行、退出、评价的全链条管理，夯实资产管理基础。通过梳理流程，明确各部门在固定资产管理上的各项职责，贯通业务前端到财务核算的管理环节，支撑各类资产信息的融合、共享，促进物资、工程、财务等多部门联动，实现横向业务协同、流程合并衔接，确保资产卡片与现场实物设备核对一致，价值分配准确，实现设备全生命周期价值流、信息流、实物流的有效关联流转。

三是盘活低效、无效固定资产。盘活低效、无效固定资产就是要加快资产结构调整，优化资源配置，提高资产使用效率。定期梳理创造价值低、产能落后、闲置的资产，以租赁、出售、转换、再利用等方式，实现资产的保值、增值、变现。

2. 流动资产财务精益化管理

流动资产的财务精益化管理是指要深入开展“两金”压降工作，甩掉包袱、轻装上阵、确保资产健康水平。

一是要加强组织领导，将“两金”工作进行任务分解，实施压力传递，建立考核、评价机制，将工作目标纳入年度绩效考核体系，与领导班子的绩效挂钩，制定回款奖罚和排名制度，推动全员参与“两金”清理工作。

二是提高应收账款回收率。在公司层面建立客户信用等级制度，开展应收款项清理工作。梳理各类应收款项的结构、性质、账龄，做好客户信用评定和还款能力分析，重点清理时间较长、金额较大、清欠困难的债权，积极与对方协调，签订清偿协议，按计划压减流动资金占用额。对于确实无法偿还、恶意拖欠及无还款计划的应收款项，应积极通过经济、法律等手段进行清理和回收。

三是开展存货的动态监管。在日常管理中将库存分为正常库存、临时检修库存、季节性库存等以进行精准管理。常态化开展存货清查、清理工作，对已经形成积压的存货有针对性地制订再利用方案，充分、合理利用存货；对确无利用价值的存货，及时按照公司报废及处置程序办理报废处置。同时建立考核奖罚机制，对能够推进积压存货处理的部门和员工给予奖励。

（四）税务筹划

利用国家对发电企业的税收优惠政策，合理进行税务筹划，是当前发电企业的工作重点。

1. 加强政策学习，树立筹划思想

发电企业要改变目前对税务筹划管理工作不重视的观念。企业经营管理者要起到领头羊的重要作用，要将税务筹划工作作为企业的年度重点工作，在企业内部大力宣贯税务筹划管理对降低税负、提升效益的重要意义，在企业内部营造全员参与、全员重视的良好环境。其次，应加强对税收政策的学习，准确把握税收法律、法规、政策，根据国家税收政策的变动及时调整税务筹划方案，不仅可以降低企业整体税负，实现企业的税后效益最大化，还可以降低企业的涉税风险，提高企业竞争力。

2. 加强税企沟通联系

与税务机关的沟通在很大程度上决定了税务筹划是否能顺利进行，只有得到税务机关的认可，税务筹划才能真正转变为企业的实际效益。财务人员常常对一些重要事项的界定比较模糊，无法准确把握，这就需要提前与税务机关沟通，将对税法的理解以及打算如何做的想法告诉税务机关，

征求他们的意见和建议，在及时进行税务布局、避免税务风险的同时，也树立了企业诚信的形象。

3. 培养税务筹划专家型人才

纳税人的主观判断对税务筹划有重要影响，这就需要企业努力培养具有客观事实分析能力的税务专家型人才。他们不仅要具备税收、财务、会计、法律等方面的专业知识，还要具备良好的专业素养。只有这样，税务筹划管理工作才会事半功倍。

4. 提高税务筹划管理的可行性

发电企业进行税务筹划的项目很多，例如环保节能节水项目所得税优惠筹划、房产税筹划、研发费用税收优惠筹划、资源综合利用税收优惠筹划、个税筹划等，这就需要财务人员了解项目的各个业务环节，如基建期、物资采购、合同商谈等，并针对不同的业务环节采取差异性的税务筹划优化措施，制定出整体规划的税务筹划方案，确保税务筹划管理过程可以更加有效地获取到更加科学的数据资料，进一步提高税务筹划管理的可行性。

（五）人才队伍建设

加强财会队伍建设，提升财务人员水平。组织开展培训活动，切实提高财务人员的业务技能和综合素质，做好财务人员知识储备、财务管理人才储备工作。鼓励财务人员用心、用情、用智慧做好本职工作，群策群力、加强公关，提出合理建议，推进财务工作创新、精益发展。

1. 营造良好的工作氛围

爱岗敬业、细致高效是财务工作的不二法则，财务工作讲究一个“勤”字。勤于清洁与清扫、勤于收集与整理、勤于查验与标注，提高工作效率，营造良好的工作氛围。

2. 建设财务标准体系

规范会计核算，提高工作效率，建立标准的财务制度，明确岗位职责，对公司内控制度、岗位标准、业务流程进行全方位梳理、完善、优化，确保财务工作有章可依、有据可循，岗位设置科学、合理，财务分工明确、职责清晰，业务办理有章可依、有据可循。形成标准化岗位操作手册，记录除业务密码以外与财务工作有关的业务操作规范，细化到岗位工作内容、审核要点、系统登录界面、日常操作步骤、年月结账要求、涉及的管理文件及制度、台账文档、相关联系人等内容，根据业务的实际需求一月一更新。可以培养新人迅速上手，规范审核标准、流程、控制点。建立财务标准体系，形成制度化、标准化、流程化的财务核算模式，将财务人员从繁重的日常工作中解脱出来，更多参与前端管理，夯实财务管控的基础。

3. 建立完善的轮岗制度

秉承财务“老带青、旧帮新”的优良传统，建立“金字塔”式的人才培养机制，以打基础为先，重应用、求创新，促进财务队伍的快速成长。将财务整体工作进行科学划分，固化“重点岗位一年、一般岗位半年”一轮岗与备岗相辅的机制。通过实行轮岗制度，新进人员能充分熟悉各岗位的工作内容，培养会计人员主动承接业务的责任感，确保财务部门在人员流动的情况下，均能保持工作顺畅，提高财务部门人员整体的协调能力和凝聚力。

4. 推行有效的培训体系

请进来，定期授课。通过设置部门培训员岗位，定期对财务人员进行业务培训及考核；同时鼓励财务人员走上讲堂，自由选择课题，以培训和探讨相结合的方式开展互训工作，以学促训，积极、主动提高公司财务人员的专业素质。走出去，外送学习。积极对外输送财务人员参加上级公司培训，鼓励财务人员积极报名参与上级公司轮训及华电集团的各项检查，以开阔视野，不断提高业务能力。

5. 打造素质过硬、凝聚力强的财务团队

专业考试助提升，鼓励财务人员参加各类专业考试，如会计职称、注册会计师、税务师等考试，通过学习与考试，将工作实践与理论知识结合起来，达到查漏补缺的目的，提高业务水平。时间管理提效率，科学地安排工作时间，定期梳理重点待办单、月计划、周计划、日计划等。对于财务工作量大的工作时段（如每月初），推行集中办公制度，确保工作衔接，提高工作效率。以人为本促和谐，财务部门女性多，婚育、家庭问题比较突出。因此，团队建设上要更加重视人文关怀，如生日问候、特殊休假安排及以家庭为单位的亲子游等，处处体现对员工的关爱，增加员工的幸福指数，提升员工的凝聚力。

第三章　财务精益管理实践应用

【案例 3－26】 融资成本精益管理

一、诊断

（一）背景

1．财务管理需要

可门发电公司是资金密集型企业，除了 20% 的自有资本金，80% 的资金都要靠对外融资募集。项目、煤款的资金需求金额大，财务费用是电厂财务管理水平的重要指标之一。

2．精益管理要求

资金成本率是影响企业相对利润改善的重要因素。降低资金成本率和压降财务费用是提升企业相对竞争力的要求（图 3－185）。

图 3－185　精益管理要求

（二）现状

（1）综合融资成本较高。2015 年经过央行 5 次降息，可门发电公司融资成本并未实现大幅度压降，至 2019 年末，融资成本为 4.81%。

（2）融资结构比例不完善。可门发电公司长期融资比例持续较高，至 2019 年末，中长期融资比例为 93.48%。

（3）融资总额未明显下降。可门发电公司近几年经营状况良好，但截至 2019 年末，融资总额未实现明显下降。

（4）2020 年新冠肺炎疫情全面冲击我国宏观经济、中观行业及微观个体。受疫情影响，我国宏观经济呈需求和生产骤降趋势，投资、消费、出口均受到显著冲击，短期失业率上升、物价上涨。

①燃煤成本增加。受疫情影响，国家严格控制进口煤额度，导致后期燃煤成本增加约 11500 万元。

②发电量减少。疫情对工业企业造成一定程度的影响，使其用电量减少，同时受延迟开工影响，电力负荷呈明显下降趋势。受疫情影响，可门发电公司 2020 年第一季度发电量同比减少 4.63 亿 kW・h。

③后勤费用花销增加。可门发电公司实行打包用餐制度以实现隔离用餐，一次性餐具用量较以往大大增加，同时为防控疫情开展一天两次的消毒工作，增加了消杀成本。截至 2020 年底，后勤花销同比增加 10.55 万元。

④防疫物资供不应求。为满足疫情防控需要，大量采购口罩等防疫物资，同时开展为外地员工进行核酸检测等工作，均增加了花销，增加人工成本、材料费合计约 27.53 万元。

（三）管理目标及契机

（1）目标。降低借款金额，降低中长期贷款比例，财务费用同比压降 5.4 百分点。

（2）契机。自新冠肺炎疫情暴发以来，诸多企业受到疫情冲击，面临前所未有的压力和挑战。同时疫情之下，国家也出台了一系列支持疫情防控、复工复产的减税降费政策。

二、分析

（1）通过争取银行利率优惠政策，直接压降财务费用。

（2）通过争取税收、社保优惠政策及港口收费标准优惠政策，降低人工成本及生产费用，减少资金需求，降低融资金额，间接压降财务费用。

（3）寻求资金置换最优方案，通过使用低利率贷款置换高利率贷款，降低融资成本。

（4）通过提前归还中长期融资，降低中长期融资比例，降低资金成本率。

（5）控制月末资金余额，提高资金使用效率。

（6）开阔思路，拓展多品种融资，为可门发电公司压降财务费用提供多种思路与渠道（表3－72）。

表3－72　拓展多品种融资情况

序号	措施	方案	结果	可行性
1	争取银行利率优惠政策	争取低利率贷款，转换高利率贷款	压降财务费用	√
2	争取各项减税降费政策	争取税收、社保优惠政策及港口收费标准优惠政策	降低生产成本	√
3	寻求资金置换最优方案	积极与相关部门沟通、协调，寻求资金置换最优方案	降低融资成本	√
4	提前归还中长期融资	与银行沟通协调，提前归还中长期融资	降低资金成本率	√
5	控制月末资金余额	将月末资产余额控制在一定范围内，超出部分资金用于提前还贷	提高资金使用效率	√
6	拓展多品种融资	开阔思路，拓展多品种融资	为压降财务费用提供多种思路与渠道	√

三、改善

（一）争取银行利率优惠政策

在针对疫情的各项优惠政策发布后，可门发电公司积极主动与各家银行联系沟通，顺利被列入中国农业银行“防疫保障性企业”名单，争取到平均年利率为3.4%的低利率贷款2.3亿元，为开展高利率贷款的置换工作赢得先机。同时，紧抓复工复产相关政策，多次争取国家开发银行平均年利率为2.59%的低利率贷款合计3.1亿元，用于提前归还年利率为4.75%的中国建设银行中长期贷款。

经与各家银行积极沟通，以上两项措施共减少财务费用888.1万元。

（二）争取各项减税降费政策

通过争取税收、社保优惠政策及港口收费标准优惠政策，共降低人工成本及生产费用1659.79万元，按基准利率4.35%计算，共节约财务费用72.2万元。

（三）寻求资金置换最优方案

2020年，可门发电公司9.7亿元华电集团委托货款到期，年底需一次性归还。华电集团原定方案为集团全面出资置换，可门发电公司将面临较高利率与财务费用支出。通过积极与华电集团、银行等相关部门沟通与协调，最终取得华电集团同意，与中国建设银行置换7.7亿元（三年期），年利率4%，华电集团置换2亿元，实际执行年利率4.55%，通过制订合理的贷款置换方案，压降融资成本2219万元。

（四）提前归还中长期融资

2019年，可门发电公司中长期贷款共计34.42亿元，中长期融资比例为93.48%。通过与华电集团、福新公司及银行协商、沟通，提前归还中长期融资共计18.16亿元。2020年，可门发电公司中长期贷款共计16.26亿元，中长期融资比例降至67.72%，同比压降25.76%，资金成本率由年初的4.81%下降至3.86%。

（五）控制月末资金余额

减少“存贷两高”现象，提高资金使用效率，将月末资金余额控制在应收账款的30%以内，原则上不超过3000万元，超出限额部分资金用于提前还贷，有效利用资金，减少财务费用；2020年末，可门发电公司长短贷余额共计24.01亿元，同比下降12.81亿元。

（六）拓展多品种融资

（1）办理福新能源统借统还。积极配合福新能源发行公司债等工作，并申请统借统还借款额度。

（2）申请科技创新奖励基金。根据县科技创新配套奖励通知相关文件，积极申请各项科技创新奖励基金。

（3）票据结算与循环贷相结合。通过采取票据结算与循环贷相结合的方式，实现贷款的借入和归还自主控制，提高资金灵活性，降低资产负债率。

（4）信用证。通过与客户约定采用低利率信用证的方式，节约财务费用。

（5）保理。在满足一定条件的情况下，将赊销形成的未到期应收账款转让给商业银行，以获得银行的流动资金支持，加快资金周转。

（七）效果认证

通过实施争取银行利率优惠政策、争取各项减税降费政策、寻求资金置换最优方案、提前归还中长期融资、控制月末资金余额、拓展多品种融资等措施，2020年，可门发电公司财务费用同比减少0.51亿元，下降29%，较年初预算的1.67亿元节约财务费用0.42亿元，资金成本率由年初的4.81%下降至3.86%，同比降低0.95%，为超额完成年度经营目标奠定了坚实基础。

四、标准化

做好融资成本精益化管理，降低融资成本，要从融资利率、融资结构、融资品种、月末资金余额等方面入手，综合融资市场具体情况，制订具体实施方案（图3－186）。

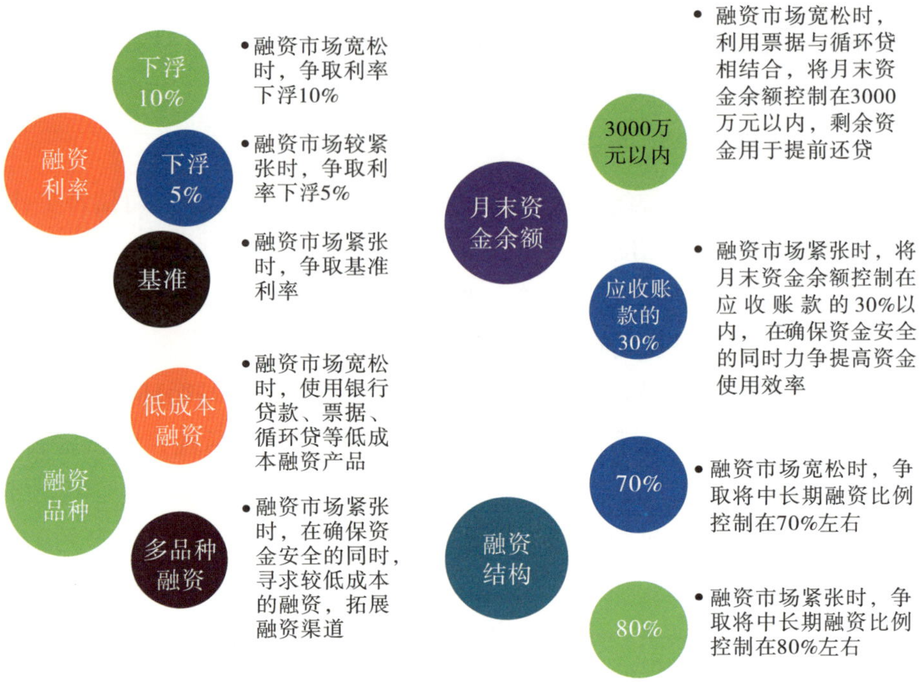

图3-186　标准化情况

（本案例由可门发电公司提供）

【案例3-27】　全面预算精益管理

一、诊断

（一）内涵

1. 全面预算精益管理的内容和意义

全面预算精益管理是为数不多的几个能把企业的所有关键问题融合在一个体系之中的管理控制方法之一（图3-187）。

全面预算精益管理是可门发电公司对未来整体经营规划的总体安排，能帮助管理者进行计划、协调、控制和业绩评价。控制预算执行有助于可门发电公司对年度经营计划进行监控，确保全年经营目标的完成。

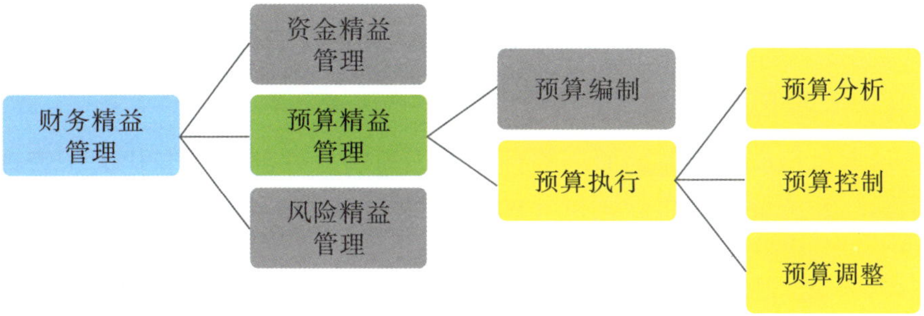

图 3－187　财务精益管理内容

2. 全面预算精益管理的要求

开展全面预算精益管理，可以更加高效地利用企业资源，有效控制企业的经营风险，控制生产经营成本，提升企业的整体效益，提升战略管理能力。

（二）现状

（1）以预算执行为主线进行探讨。

（2）预算执行内容。

预算执行以目标倒逼，按照设定的预算目标实施，结合生产经营实际，将预算目标层层分解、落实，最终达到设定目标值，有助于提高公司的经营管理水平和风险管控水平。

①2017 年可门发电公司制定了“精益管理、提质增效”的目标要求，有效控制预算执行，有助于提高可门发电公司的经营管理水平和风险管控水平。

②预算在执行过程中，仍然与实际存在偏差。需要对预算执行率、准确度进行改善，以缩小实施过程中产生的偏差，及时修正，达到提高企业经营能力的目的。

（三）目标设定

2020 年，克服新冠肺炎疫情冲击，提高预算准确率，可门发电公司超额完成上级单位下达的年度预算利润目标 5 亿元。

二、分析

（一）要因分析

预算执行产生偏差的原因有预算意识薄弱、外部环境变化大、管理理念不强、对政策制度研究不足（图 3－188）。

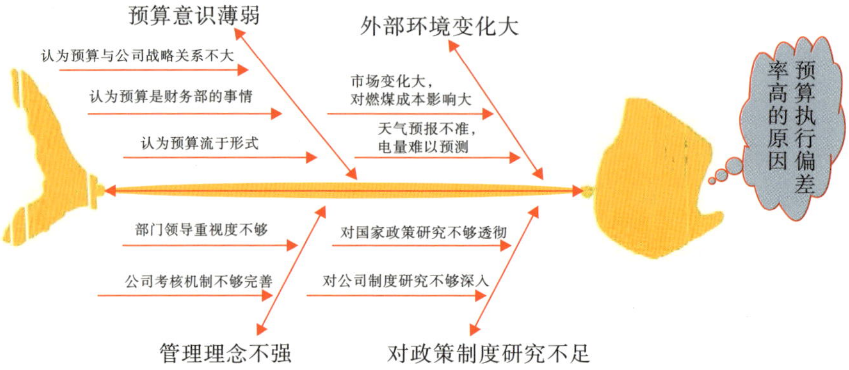

图 3－188　预算执行偏差率高的原因

（二）要因验证

（1）预算意识薄弱。认为预算与公司战略关系不大，认为预算只是财务部的事情，认为预算流于形式。

（2）外部环境变化大。市场变化大，对燃煤成本影响大；天气预报不准，电量难以预测。

（3）管理理念不强。部门领导重视度不够，公司考核机制不够完善。

（4）对政策制度研究不足。对国家政策研究不够透彻，对公司制度研究不够深入（表 3－73）。

表 3－73　末端原因分析

序号	末端原因	确认事实	是否为要因
1	预算意识薄弱	认为预算与公司战略关系不大，认为预算只是财务部的事情，认为预算流于形式	是

（续表）

序号	末端原因	确认事实	是否为要因
2	外部环境变化大	市场变化大，对燃煤成本影响大；天气预报不准，电量难以预测	是
3	管理理念不强	部门领导重视度不够，公司考核机制不够完善	是
4	对政策制度研究不足	对国家政策研究不够透彻，对公司制度研究不够深入	是

三、改善

（一）对策探讨

对策探讨流程如图 3－189 所示。

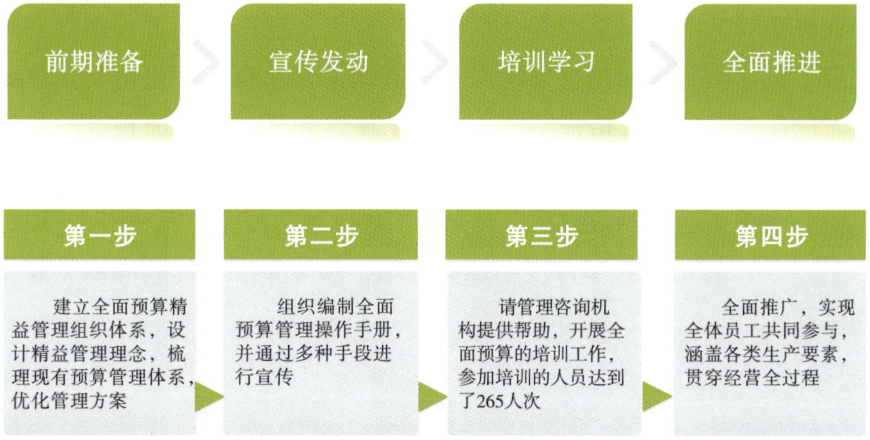

图 3－189　对策探讨流程

（二）对策实施

（1）预算编制：建立全面预算组织机构（图 3－190）。

2020 年通过修订、完善全面预算组织架构，从多维度、全要素进行全面管理，层层落实全面预算执行主体责任。对全面预算管理实行三级管理，从班组到由部门或班组预算员组成的全面预算管理办公室，再到全面预算管理委员会，形成无缝对接，提高效率。

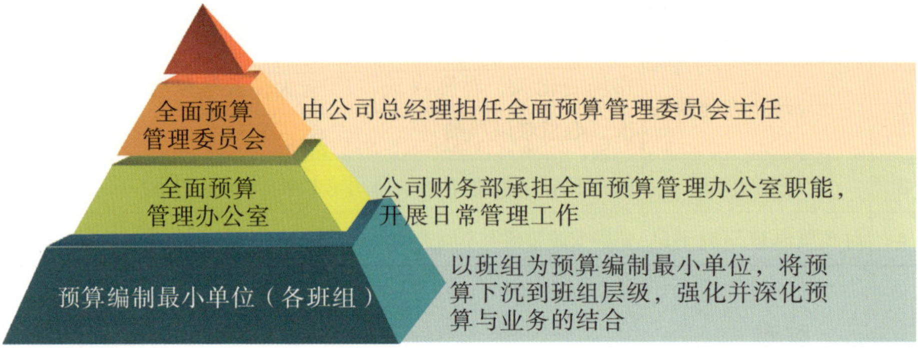

图 3－190　建立全面预算组织机构

（2）预算上报：编制手册，加强宣传培训，形成“全面预算”理念。

聘请管理咨询机构对可门发电公司全面预算管理水平提升提供协助。在咨询机构与各部门的全力配合下，可门发电公司全面预算管理提升项目组完成了包括调研全面预算管理需求、梳理预算流程、优化全面预算编制模型、优化全面预算分析模型等在内的工作，并开展了全面预算的培训工作，参加培训的预算工作人员达到了 265 人次。

（3）预算下达：制订提质增效方案，执行滚动预算管理（图 3－191）。

2020 年，公司执行每月滚动预算管理，按照年度目标利润倒排煤价的管理机制。

计算公式：预测数＝年度预算－实际数，保证原有预算目标不调整。

合计	1	2	3	4	5	6	7	8	9	10	11	12
年度预算	实际数					可用目标额度						

优点：

- 保持预算的完整性、持续性，从动态预算中把握企业的未来。
- 使各级管理人员始终对未来 12 个月的生产经营活动有所考虑和规划，从而有利于生产经营稳定、有序地进行。
- 不断修整预算，使预算与实际情况更适应，有利于充分发挥预算的指导和控制作用。

图 3－191　执行滚动预算管理

通过制订年度提质增效方案，结合周指标统计、月经营分析，对关键预算指标偏差形成的原因进行了深入剖析、研究，制定整改措施并规定期限，每周、每月督办。结合召开月度经营活动分析会，针对预算偏差，财务部提出问题；业务部门进行对问题的原因剖析、对改进方案的追踪反馈等，增强对预算的监控与分析。

2020 年，可门发电公司执行每月滚动预算管理，按照年度目标利润倒排煤价的管理机制，通过预测数（年度预算 – 实际数），保证原有预算目标不调整。

（4）预算控制：考评与全员绩效挂钩。

预算考评是业绩考评的重要组成部分，可门发电公司将预算考评的内容和指标纳入全员绩效管理体系中。

激励原则：依据考评结果，切实兑现奖惩，起到促进各级人员执行预算、力争超额完成预算目标的作用。

目标原则：以责任预算目标为考核基准，按照责任预算完成情况评价责任中心的业绩。

时效原则：预算考评是分时间段的，如月份的、季度的、半年的、年度的考核等。

（三）成果

全年累计完成发电量 135.17 亿kW·h，发电量创近 7 年来新高，实现利润 8.03 亿元。

（1）调动员工积极性。

在摸索建立全面预算管理模式时，能广泛听取基层员工意见，并在充分讨论后予以采纳；能畅通预算编制工作意见反馈渠道，使基层员工参与全面预算管理的积极性得以全面调动。

（2）多角色参与编制。

班组技术员能结合生产实际，主动参与预算管理，如设计与预算相关的台账，保持与预算管理办公室的交流，提高预算的合理性。

（3）提高预算编制的准确性。

资金预算管理已贯通至年、月、周、日的管理。已实现费用预算信息直达班组，并理顺预算执行与反馈机制。

（4）完善预算基础工作，强化管控效果。

各项基础管理工作得到改善，成本控制得到加强。通过采用“日分析、周统计、月总结、季考核”的预算管理模式，将月度工作计划落实到每一天，通过对标、落实，各部门沟通明显顺畅，减少预算项目调整事项。

四、标准化

（1）纵向到底：构建三级预算管理模式。

（2）畅通渠道：各模块预算融会贯通。

（3）注重细节：月度预算与年度预算衔接。

（4）管理闭环：利用 SAP 系统，预算管理升级。

（5）借势发力：纳入企业综合考评。

（本案例由可门发电公司提供）

党的建设篇

治国安邦，重在基层；管党治党，重在基础。党的十九大报告提出："要以提升组织力为重点，突出政治功能，把企业、农村、机关、学校、科研院所、街道社区、社会组织等基层党组织建设成为宣传党的主张、贯彻党的决定、领导基层治理、团结党员群众、推动改革发展的坚强战斗堡垒。"这是党中央对党的基层组织建设的新定位、新部署、新要求，为全面加强基层党组织建设指明了方向、提供了依据。

在 2016 年全国国有企业党的建设工作会议上，针对国有企业党的建设，习近平总书记强调："紧紧围绕全面解决党的领导、党的建设弱化、淡化、虚化、边缘化问题，坚持党对国有企业的领导不动摇，发挥企业党组织的领导核心和政治核心作用。"为了保证党和国家的方针政策、重大部署在国有企业贯彻执行，华电集团从 2017 年起，在党组 1 号文件中每年针对发挥基层党组织战斗堡垒作用明确提出了"提升党组织组织力"和"强化基层党支部建设"的双重要求。因此，加强党的基层组织建设的重要性不言而喻。

国有企业是中国特色社会主义的重要物质基础和政治基础，是中国共产党执政兴国的重要支柱和依靠力量。作为国有企业，开展党的建设精益管理，有利于精准发现和解决当前企业在党建工作中存在的不足，增强企业的凝聚力和战斗力，能够进一步强"根"固"魂"，为企业的改革发展提供更加坚实的政治保证。

第一章　发电企业党的建设管理概述

党的十九大报告提出了新时代党的建设总要求，首次提出“不断提高党的建设质量”。这是习近平新时代管党治党思想的重要内容，是推进党的建设新的伟大工程的迫切任务。2018 年，国资委启动“中央企业党建质量提升年”活动，华电集团党组以 1 号文下发了《关于贯彻落实新时代党的建设总要求全面提升党的建设质量的若干意见》，该文件指出全面提升党的建设质量，既是贯彻落实管党治党责任的迫切要求，也是勇于担当、实现高质量发展的现实需要，有利于不断强“根”固“魂”，有利于建设具有全球竞争力的世界一流能源企业。这些新任务、新部署对新时代党的建设提出了新要求，也为党建质量提升体系的创建与实践提供了“指南针”和“路线图”。

习近平总书记在全国国有企业党的建设工作会议上强调，坚持党对国有企业的领导是重大政治原则，必须一以贯之。近年来，福建公司贯彻落实新发展理念，提出了到 2025 年实现“5133”发展目标，创建华电集团一流水平专业化公司。“5”即“非化石能源占比力争达到 50%”；“1”即“装机规模达 1500 万千瓦”；第一个“3”即“利润总额达到 30 亿元”；第二个“3”即“主要指标和各项工作力争进入集团区域前三”。要实现这一发展目标，国有企业党委必须充分发挥把方向、管大局、促落实的领导作用，坚定正确的政治方向，把握科学的工作方向，确定可持续的发展方向，不断推动企业转型升级，增强发展活力。

党的基层组织是确保党的路线、方针、政策和决策部署贯彻落实的基础，是党的事业不断走向胜利的组织保障。近年来，福建公司各级党组织在党建工作上的创造力、凝聚力、战斗力显著增强，但也存在一些管党治党“宽松软”的问题未完全解决，例如党委领导作用发挥不充分，党支部战斗堡垒作用发挥不平衡，党员领导干部履行“一岗双责”的意识和能力不够强，党员先锋模范作用发挥不突出，基层党支部书记履职能力难以满足新要求等。因此，必须以提升基层党组织的组织力为目标，突出政治功能，全面加强基本组织、基本制度、基本队伍建设，推动基层党组织全面进步、全面过硬。

第一节　党的建设精益管理现状

随着全面从严治党的深入推进，福建公司各基层党组织认真贯彻落实新时代党的建设总要求，树牢“四个意识”，坚定“四个自信”，坚决做到“两个维护”，严格落实全国国有企业党的建设工作会议精神，不断加强党的建设工作，提升党建工作质量。但基层党组织党建工作水平参差不齐，还存在以下几个方面的问题。

一、党组织的领导作用发挥不够充分

“把方向、管大局、促落实”不够到位。自 2016 年 10 月 10—11 日全国国有企业党的建设工作会议召开以来，公司各级党组织大多能做好会议精神的贯彻落实，但从近些年的巡察和党建考评中看到，个别党组织在坚持党的领导方面做得不够全面，与企业实际情况结合不紧密，采取的相关措施不具体。

党建工作责任落实不够到位。个别党组织书记主体责任意识不够强，措施不够硬，在“抓常、抓细、抓长”上盯得不够紧；班子成员履行“一岗双责”不到位，未做到与分管业务同部署、同检查、同落实。个别单位党建工作特色不够明显，习惯用文件、会议贯彻落实上级精神，未能因企因地制宜制订具体的工作措施。

二、党支部的基础工作不够牢固

党的组织生活不够严肃。党的组织生活是党的生活的重要内容，是党

组织对党员进行教育、管理、监督的重要形式。但是在日常工作中，公司各级党组织存在组织生活不够严谨、规范的现象。例如，执行“三会一课”不够到位，组织生活会程序不够规范、重要程序缺失，批评与自我批评“辣味”不够，部分单位班子成员双重组织生活落实不够等。

党的基础管理不够规范。公司基层党组织普遍存在党支部建设规范化、标准化不足的现象，个别支部换届工作不够规范，发展党员程序不严谨、资料不完整，支部台账和记录不清楚、不完善等，这些在一定程度上影响了党建质量的提升。

三、党员先锋模范作用发挥不够明显

支部层面，党建工作与业务工作“两张皮”的现象仍然存在，一些党组织融入中心、服务大局工作做得不够到位，党员主题实践活动与经营管理、项目发展、工程建设等重点工作结合得不够紧密；支部主体作用发挥得不充分，不能有效参与班组长调整、奖金分配等重要事项决策。

党员层面，个别党员党性意识有待提高，对思想身份、政治身份、组织身份、行为身份认识不够，把自己等同于普通群众，没有拿党员的高标准来衡量和要求自己，践行“四讲四有”“四个合格”不够，先进性不明显。

第二节　党的建设精益管理要求

当前，公司正处于深化改革、转型发展的关键时期，改革转型工作越是向纵深推进，越要加强党的建设工作，充分发挥基层党支部的战斗堡垒作用和党员的先锋模范作用。

整体推进各基层单位党的建设工作，既要攻坚克难，又要牢守基础；既要坚持以问题为导向，全面破解基层党建难点，又要健全长效机制，全面凝聚基层党建合力。

一、坚持问题导向

坚持问题导向是提升基层党组织组织力的关键。针对基层党组织建设中存在的突出问题，各基层党支部应当从实际出发，认真梳理，列出问题清单，深刻剖析原因，逐项研究解决对策，真正把党建工作做实、做细、做到位。面对基层党建工作中存在的各类矛盾，积极推进体制机制创新、内容形式创新、方法手段创新。

二、坚持对标提升

经营管理工作抓对标提升，基层党建工作同样要抓对标提升。要高标准、严要求，拉高标杆、补齐短板，坚持对党建工作精细管理，持续巩固提升，力争各项工作精益求精。要贴近企业实际抓特色，做到常抓不懈，形成长效机制，确保工作取得实效。在公司内部形成“比学赶帮超”的良好氛围。要凝心聚力、加压奋进，进一步强化责任意识，细化目标任务，通过总结交流、成果展示、工作检查等方式，促使各支部工作做深、做细，全面提高基层党建工作科学化水平。

三、坚持考核问责

提升基层党组织组织力，说到底是责任问题。在全面从严治党深入推进的新形势下，提升基层党组织组织力、加强基层党组织建设要在抓责任制、抓责任人特别是党组织书记这个第一责任人上下功夫。切实加强和规范党建工作述职、评议、考核问责工作，推动各党支部和党支部书记将党建主业主责刻在心中、扛在肩上、落到实处。应当综合运用“提醒”“问责”手段强化基层党建考核问责，真正做到党建压力传导、党建责任压实、党建工作待遇落实，真正实现责任权利对等。

第二章　发电企业党的建设精益管理实施路径

第一节　党的建设精益管理诊断分析

对公司的党的建设工作运用精益管理诊断工具，通过问卷调查、专题座谈、实地调研等方式向区域各基层党组织、职能部室、普通党员广泛征集公司各级党组织在党的建设方面存在的问题和意见，诊断问题汇总如下：

（1）当前一些领导干部对党建工作的重视程度与中央、集团和公司的要求相比还有一定差距，对党建工作的重要性认识不足，投入精力不多，把抓好党建作为最大政绩的理念树得还不牢。还有一些领导干部重业务、轻党建，未能很好地正确认识“潜绩”和“显绩”的关系，“一岗双责”落实不到位。

（2）制度建设有待完善。目前，党内部分制度和体制机制还不够健全、不够具体、不够与时俱进，运行效果不好。例如，部分单位的党务公开、党建工作责任制、党建考评办法的内容没有随着时代发展变化及时做好修订和完善工作，存在制度漏洞，未能很好地发挥制度的激励与约束作用。

（3）落实《关于新形势下党内政治生活的若干准则》不严格，对增强党内政治生活的政治性、时代性、原则性、战斗性的理解把握不到位。有的同志批评上级怕被领导穿小鞋、批评同级怕伤和气、批评下级怕影响支持率，造成民主生活会及组织生活质量不高、“辣味”不足。

（4）质量意识欠缺。个别党务工作人员责任心不强、标准不高，抓党建精益管理的意识不强，工作上只求交差不求质量，只求交账不求规范，影响党建质量的提升。

（5）基层党务人员的工作方法没有及时跟上新时代的新要求，还存在惯性思维，工作思路不够宽、创新举措不够多，还不能很好地适应新时代党建工作的要求。

（6）党员教育管理缺乏新意。形式载体不够丰富，对党员吸引力不够；党员教育、政策传达等照本宣科较多，创新方式较少；对党员关注的热点把握不准，对党员思想、工作、生活上的问题关注、把握不够。

第二节　党的建设精益管理体系构建

党建质量提升体系建设是一项综合性的系统工程，公司党委紧密结合企业发展的实际需求，坚持“融中心、接地气、便操作、能闭环”的原则，使党建质量提升体系创造价值、产生成效。

一、抓好政治引领是核心

政治建设是党的根本性建设。公司以党的政治建设为统领，坚定政治信仰、增强“四个意识”、维护党中央权威和集中统一领导、严明党的政治纪律和政治规矩，在大局下行动，议大事、抓重点，加强集体领导、推进科学决策，充分发挥党的政治优势，党的创造力、凝聚力、战斗力显著增强，党内更加团结统一。

二、抓好支部建设是基础

党支部是党组织开展工作的基本单元，是党的全部工作和战斗力的基础，是团结群众的核心、教育党员的学校、攻坚克难的堡垒。公司牢固树立党的一切工作到支部的鲜明导向，开展了“党支部建设三年行动”，积极开展示范党支部创建，通过示范引领、标杆带动，扩大先进党支部增量，提升中间党支部水平，整顿后进党支部，取得了明显成效。

三、抓好队伍建设是关键

公司始终把加强党员教育、党务人员队伍建设工作作为党建工作的重中之重，常抓不懈，久久为功。通过探索新的载体，充分利用党员 e 家在线平台、微党课、“学习强国”等多种形式，开展各项主题教育实践活动，提高党内组织生活的活力与吸引力。同时，广泛开展提素质、亮身份、比业绩等活动，教育和引导广大党员立足岗位、创先争优、实践实干。

四、抓好制度建设是保障

制度具有规范性、普遍性和长期性的特点，抓好制度建设是推进全面从严治党的保障，更是关键。公司主动适应新常态，努力解决新问题，创新和完善党建工作制度，建立了一套行之有效的制度体系，确保了各项工作落到实处，全面提升了基层党组织建设的科学化水平。

第三节　党的建设精益管理对策实施

“不断提高党的建设质量”是习近平总书记管党治党的新思想。党的十九大报告要求，要不断提高党的建设质量，把党建设成为始终走在时代前列、人民衷心拥护、勇于自我革命、经得起各种风浪考验、朝气蓬勃的马克思主义执政党。“质量强党”的新理念为新时代党的建设明确了目标任务、指明了前进方向。

公司牢牢把握党建质量这一生命线，突出政治功能，讲究工作方法，创新方式载体，着力在基本组织建设上提“三力”、在基本队伍建设上增“三强”、在基本制度建设上促“三化”，逐步建立起“三三制”高标准党建质量提升体系，推动党的建设质量从基础基层得到提升。

一、在提升基层组织力方面，突出政治建设、思想建设、组织建设，提升“三力”

国有企业党组织发挥领导核心和政治核心作用，归结为一点，就是把方向、管大局、促落实。加强国有企业党的建设，提升党建质量，就必须把这个定位和要求落到实处。公司坚持以党的政治建设为统领，坚持抓思想强引领、抓基层打基础，有效提高了党组织的政治领导力、思想引领力和组织力。

突出政治建设，提升政治领导力。坚持党的领导，加强党的建设，最根本的就是要把党的政治建设摆在首位。一是强化政治引领。公司把维护以习近平同志为核心的党中央权威和集中统一领导作为最高政治原则和根本政治规矩，结合"两学一做"使学习教育常态化、制度化，组织广大党员、干部深入学习习近平新时代中国特色社会主义思想，坚决学习、贯彻、维护党章，切实用党的创新理论武装头脑、指导实践，进一步牢固树立"四个意识"，坚定"四个自信"。二是压实政治责任。推行以"政治清单、制度清单、职责清单"为主要内容的"三清单"模式，建立完善党组织书记向公司党委报告党建工作、党组织负责人抓党建述职评议、党建工作综合考评三项机制，把管党治党责任一级一级压紧压实、压力一层一层传导到位。三是发挥政治优势。强化基层党组织的政治领导作用，坚持把党的领导和完善公司治理统一，所属的三级单位全部完成领导体制改革，实行党政"一肩挑"。以规范决策内容、决策程序为核心，修订《党委会议事规则》《"三重一大"决策制度实施办法》，督促各级领导班子和党员、干部严格按程序、规则和集体意志办事。

突出思想建设，提升思想引领力。思想建设是党的基础性建设。习近平总书记曾在福建工作近 18 年，与福建干部、群众的感情最深厚，留下了许多宝贵的精神财富。公司充分运用新思想的"富矿区""钙源区"优势，把习近平新时代中国特色社会主义思想学得更深、悟得更透、落得更实。一是铸就理想信念的"压舱石"。党的十九大召开以来，公司系统各级党组织按照学懂、弄通、做实的要求，通过党委理论中心组"月学习、季研讨"带头学，党支部"三会一课"深入学，"主题党日""三个一"（即每年"一"计划、每月"一"方案、每周"一"活动）机制广泛学，开展形式多样的理论学习和研讨，持续推动学习宣贯活动往深里走、往实里走、往心里走。二是筑牢意识形态的"主阵地"。牢牢把握党对意识形态工作的领导权、主动权，制定《意识形态工作责任制实施细则》和《意识形态动态领域动态情况分析制度》，实行“谁建立、谁负责、谁管理”的阵地管理机制，拧紧意识形态“责任链”。引导党员、干部在大是大非面前敢于“发声”、勇于“亮剑”，旗帜鲜明地同错误言论作斗争。以中国特色社会主义文化引领企业文化建设，开展“中国梦·华电梦·我的梦”“信仰信念信心”“庆华诞、谱新篇、筑梦想”等职工思想教育活动，用文化润泽心灵、滋养精神、引领风尚，营造风清气正的良好政治生态。三是把握思想工作的“生命线”。围绕“思想解惑、文化解渴、心理解压、生活解困”目标，加强和改进思想政治工作。把解决思想问题和解决实际问题结合起来，实施党员关爱工程。开展经常性谈心和思想动态分析，关注“三种人”的思想状态，各基层党委（党支部）每季度、各党支部每月开展一次职工思想动态调研和分析，及时回应职工关切，有针对性地疏导情绪、解疑释惑，把矛盾化解于萌芽之中。坚持党建带动群建，充分发挥群团组织的作用，开展丰富多彩、健康向上的文体活动，不断增强组织的凝聚力、向心力。

突出组织建设，提升基层组织力。党支部是党的基础组织，是党的组织体系的基本单元。公司把党支部建设作为组织体系建设的基本内容、作为管党治党的基本任务、作为检验党建工作成效的基本标准，以提升组织力为重点，突出政治功能，确保基层党支部标准化、规范化建设。一是“四严四强”强基础。2017 年，公司开展“党支部建设提升年”活动，以“四严四强”建设为重点，推进“123”基本工作法，全面加强党支部的组织建设、思想建设、队伍建设等，实现一年强基础、两年上水平、三年树品牌，把党支部建设成为团结群众的核心、教育党员的学校、攻坚克难的堡垒。二是“四个提升”创示范。开展示范党支部创建活动，实施结对提升行动、技能提升行动、立项提升行动、督查提升行动。公司将 29 家基层单位分为六片区，按照以老带新、以大带小的原则，开展现场交流、演示观摩、互查互评等特色活动，形成了“组织建设互学、党建资源共享、党员干部互动、党建品牌共促”的党支部建设新格局。至 2020 年底，公司已创建了 24 个华电集团示范党支部，推进了党支部建设提档升级。三是“四项重点”争创新。鼓励各基层党组织在党员教育、支部建设、队伍建设、基础管理四个重点工作方面积极探索与实践，涌现出可门发电公司

“六位一体”党员教育、宁德电力公司党员积分管理、古田溪水电厂党员先锋指数评价、华安水电厂“党员干部五联行动”、漳平能源公司“红土书院”党员学习平台等一系列基层党建创新案例。这些接地气、可复制、能推广的特色经验做法，有力提升了基层党建工作活力。

二、在提升基本队伍素质能力上，突出头雁效应、素质登高、细胞强健，实现“三强”

党务人员、党支部书记、党员队伍是党的工作的组织者、推动者和实践者。公司着力实施头雁引领、素质登高、细胞强健三大工程，努力建设一支党性强、作风正、懂业务、有能力的高素质党务人员队伍和党员队伍。强化“头雁效应”，锻造高素质专业化执政骨干。“火车跑得快，全靠车头带”，党支部建设抓得好不好，党支部书记（支委）是关键。公司把抓好党支部书记队伍建设作为加强党建工作的关键环节，进一步加大培养和管理力度。一是在“选”上下功夫。按照党员推荐、群众推荐、党员大会选举的程序，配齐、配强党支部书记，把政治素质高、群众基础好、工作能力强的党员选拔进支委班子，把最优秀的党员选拔到书记岗位。根据工作需要和部门（车间）党员人数、职工人数，配备一定数量的专职党支部书记。二是在“育”上下功夫。建立党支部书记初任培训、在职培训制度，用好自主培训、集中轮训、实操培训、“三比三促”业务技术比武四大平台，全面加强党支部书记队伍建设。同时，编制《党支部书记（支委）应知应会100解》，并以每年至少两期的频率举办党支部书记培训班，全面提升党支部书记的履职能力。三是在“管”上下功夫。加强对党支部书记履职情况的管理监督，通过述职评议、民主评议等方式进行实绩量化考核，准确评价履职情况，让党支部书记作用发挥的好坏由党员说了算，由“数字”说了算，同时把考核结果作为年度评先评优、干部考核任用的重要依据。

强化“素质登高”，把党务干部队伍建设作为企业党的先进性建设的关键环节。党务理论和技能是做好党建工作的利器。公司注重把党务人员队伍锻造成为党务工作的行家里手，确保企业党建工作始终过硬。一是强化理论素养“提质”。聚焦党务工作不规范、不严格，以及党务人员素质与岗位匹配不足等问题，按照“抓什么训什么、干什么学什么、缺什么补什么”的原则，教育和引导党务人员学习政治理论、政策法规、党章党规等知识，使其知识层面、政治素质得到扩展和提升，真正成为“复合型”的党务工作者。二是强化业务能力“登高”。通过以教促学、以讲促学、以比促学、以考促学等方式，增强党务人员的落实决策能力、教育宣讲能力、实践创新能力、沟通协调能力以及调研分析能力，努力提高党务干部的业务素质，让业务成为党建工作开展好坏的“试金石”和“检验机”，确保党建服务中心有为有位、有形有力。

强化“细胞强健”，发挥党员队伍的先锋模范作用。党员队伍素质高，党的力量就会强；党员队伍充满活力，党的事业就会生机勃勃。公司把全面从严治党落实到党员的教育管理上，使广大党员平常时候看得出来、关键时刻站得出来，充分发挥党员的先锋模范作用。一是聚焦“红色教育”，让党性强起来。福建区域有着丰富的红色资源，这是抓好党员教育的“源头”和“活水”。公司各级党组织坚持红色教育的地域特色，善于利用古田会议会址、才溪乡调查纪念馆等红色文化资源，教育和引导党员把历史和现实贯通、把理论和实践结合，在红色教育中生动阐释习近平新时代中国特色社会主义思想的精神实质与时代意义，进一步牢固树立“四个意识”、坚定“四个自信”，打牢听党话、跟党走的思想根基。二是聚焦中心工作，让党员干起来。公司各级党组织坚持服务生产经营不偏离，广泛开展党员承诺践诺、党员奉献日、党员创新工程、精益党建等“七个一”活动，组织党员立足岗位解难题、攻难关、树形象，党员的先进性得到充分体现，有力地保证了企业生产经营各项任务的顺利完成，把党的建设成果转化成扭亏增盈、高质量发展的实际成效。在防汛抗洪的关键时期，公司系统各单位党员冲锋在前，十余家单位以“将党旗插在抗台救灾第一线”为“党员活动日”主题，成功战胜了“莫兰蒂”等超强台风和灾害性洪水，取得了防汛抗洪的全面胜利。

三、在完善基本制度建设上，突出科学规范、流程标准、机制创新，强调“三化”

制度是企业生存与发展的保障，党建质量的提升绝对少不了制度的建立健全与完善。公司按照“科学规范、流程标准、机制创新”，着力抓好各项规章、制度的健全与落实，让制度既完善健全、有的放矢，又执行到位、掷地有声。

1. 制度标准科学化

按照“简便易行、科学规范、标准流程”原则，全面梳理各项党建工作制度。一是着眼“将来时”，做好规划工作。重视党建制度体系建设的顶层设计、规划安排，明确党建制度体系建设的任务书、时间表、路线图，形成集规划、制定、备案、清理等于一体的党建制度建设链条，环环紧扣、同向发力，有条不紊地推进各环节党内法规制度建设，增强系统性和前瞻性。二是着眼“进行时”，做好建章立制工作。本着缺什么就建什么的原则，完善相应的配套制度，及时制定《党委议事规则》《意识形态工作责任制实施细则》《党费收缴、使用和管理办法》等制度，形成科学、系统的党建质量制度体系，为新时代党的建设工作提供“准绳”。三是着眼“过去时”，做好清理工作。随着新时代党建工作不断深化，党建制度出现了一些不适应、不协调、不衔接的问题，甚至有的相互交叉重复、冲突打架。近年来，公司组织开展了党建制度集中清理工作，各级各部门通过集中清理实现了党建制度的“瘦身”和“健身”，党建体系不断完善，制度建设不断推进。

2. 工作标准规范化

标准是努力的方向、行动的参照，更是提高质量的前提。有什么样的标准就有什么样的质量，只有高标准才有高质量。

一是量化责任。如何将“软任务”转化为“硬标准”，是当前党建工作质量提升的关键点。公司按照“标准引领、质量提升、品牌带动”的思路，制定党委（党支部）书记抓党建责任清单，进一步细化、明确各级党组织书记抓党建的职责要求和工作规范。

二是量化流程。建立健全重点工作相关工作指引、工作流程、模板表单，推行换届选举、发展党员等重点工作全程纪实制，规范组织生活重要程序，梳理各级党组织工作必备记录台账，明确每项工作的程序、方法和要求，形成指导党建工作规范运行的标准文本。

3. 考核标准精益化

党建考评是检查党建工作成效的“指挥棒”，公司积极探索，强化过程考核，推行分类评价，使整体考核更加具体化，指向更加清晰化。一是推行分类考评定级。以“能打仗，打胜仗，打硬仗”为目标，首先创新党建考评机制，健全和完善党建工作考核评价体系，将党建考评结果与基层单位领导班子绩效、整体绩效以及领导干部调整使用“三挂钩”，对年度考评排名靠后和成绩退步较大的党组织进行常规谈话。推行党建考评分类评价，按企业规模分为甲、乙两类开展考评和排名，激发各单位党组织争先创优的积极性和创造性。二是实行“DBI”工作督查。以落实党建各阶段性重点工作任务为导向，建立党建重点工作“DBI”督查机制，纵向开展党建工作效果评估，发现特色亮点，找准突出问题，督促整改落实，确保公司系统各单位党建工作抓在经常、严在日常，不断提升党建工作实效和质量。

国有企业基层党组织是党的基层组织的重要组成部分，是党在企业中开展工作、增强凝聚力和战斗力的重要基础，承担着党的建设的各项具体工作任务。国有企业基层党组织组织力是组织生命力的具体体现，它的强弱直接关系党的创造力、凝聚力、战斗力和领导力、号召力。

国有企业是中国特色社会主义的重要物质基础和政治基础，是中国共产党执政兴国的重要支柱和依靠力量。国有企业基层党组织是党的基层组织的重要组成部分，在党和国家各项事业推进中发挥着工作托底、任务落实和组织保证的重要作用。国有发电企业在推进党的建设工作中如何抓好基层党支部建设，是贯彻落实新时代党的建设总要求的一个重要课题。党的十八大以来，以习近平同志为核心的党中央重视党的建设工作，把全面从严治党落实到每个党支部、每名党员，推动全党形成了大抓基层、大抓支部的良好态势。

当前加强国有企业基层党组织组织力建设，要紧紧围绕党的十九大对基层党组织建设的总体要求和部署安排，紧密结合国有企业的特点，以提升组织力为重点，以突出政治功能为核心，以加强党员队伍建设为抓手，以服务员工群众为宗旨，以推动高质量发展为已任，切实发挥好基层党组织的战斗堡垒作用和党员的先锋模范作用。

第三章　党的建设精益管理实践应用

【案例 3 – 28】　宣传精益管理

一、诊断

（一）背景

全面深化改革、全面从严治党逐步深入，特别是 2017 年全国宣传部长会议的胜利召开，标志着国企宣传工作“稳中求进、重点发力”的总基调已经形成，这成为新形势下可门发电公司宣传工作创新、宣传精益管理的重要前提和工作基础，为可门发电公司打造成为“发配售一体、冷热电联供、风火港互补，市场主导、本质安全、绿色高效、持续盈利”的独具特色的新型发电企业提供有力的保证。

（二）现状

1. 诊断分析之对内宣传

原有对内新闻宣传情况如图 3 – 192 所示，对内宣传主要存在以下问题：

（1）2016 年度对内新闻宣传还是以传统媒体为主，存在过度依赖原有宣传媒体的问题，对“互联网 + 宣传”认识不够，对新媒体宣传方式应用不够。

（2）内网稿件数量较少，质量不高。

2. 诊断分析之对外宣传

存在问题：可门发电公司在 2016 年度福建公司对外新闻宣传积分排名中排第十三名，总积分是第五名的 48%。

图 3－192　原有对内新闻宣传情况

3. 设定目标

2017 年宣传工作目标：

对内加强新媒体宣传工具的运用，提高宣传稿件质量。

对外新闻宣传工作排名由第十三名争取进入福建公司前五名。

二、分析

（一）对内宣传

由图 3－193 可以看出：

设备维修部对内投稿数量最多，2016 年共投稿 582 篇，是人力资源部对内投稿数量（5 篇）的 116.4 倍。可见各部门投稿数量不均衡，而精益管理讲究均衡化（图 3－193）。

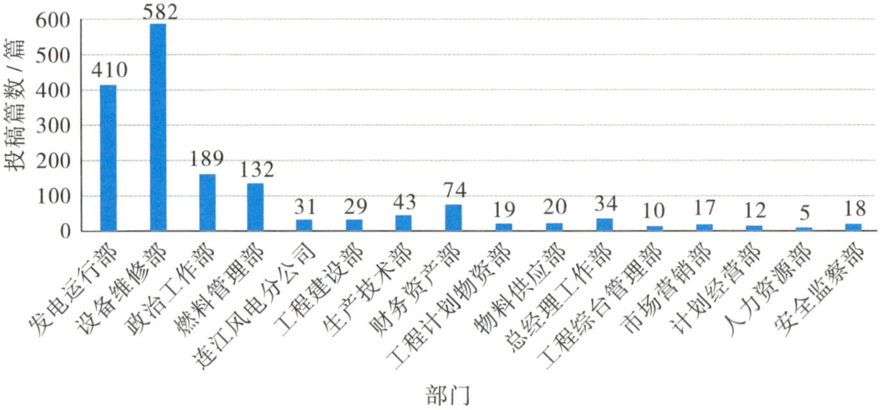

图 3－193　2016 年各部门对内新闻宣传投稿数量统计

（二）对外宣传

统计得出（图 3－194）：

（1）政治工作部对外投稿数量最多，2016 年共投稿 79 篇。

（2）有 5 个部门对外投稿量为 0。

由以上分析可见：各部门投稿数量不均衡是导致宣传效能不高的要因之一，同时不符合精益管理的均衡化要求。

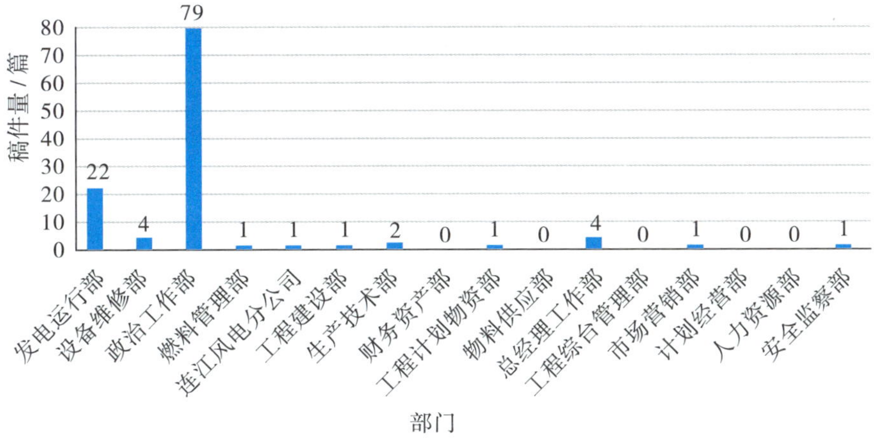

图 3－194　2016 年各部门对外新闻宣传投稿数量统计

（三）要因分析

1. 主观能动不足

（1）有些部门领导对宣传工作不够重视，对稿件质量把关不够，对部门重点、特色工作宣传不够，用心得体会等稿件应付充数。

（2）基层通信员写作能力不足，照搬照抄、大话空话套话较为普遍。

2. 创新力度不够

（1）过度依赖现有的宣传媒体，对“互联网＋宣传”认识不深、应用不够。

（2）宣传阵地建设跟不上企业发展形势需要。

（3）宣传教育以“单向灌输”模式为主，互动性不够。

3. 宣传实效不佳

（1）宣传载体对职工群众的覆盖面不够。

（2）约稿联络渠道不畅，沟通协调机制不活。

（3）对重点工作聚焦不深、角度不够，服务中心浮于表面，例如对营销与发展等中心工作、先进典型和正能量人物及事件、企业履行社会责任宣传不力。

三、改善

（一）制定全年新闻宣传要点

（1）聚焦重点推动宣传，大力服务中心工作。

（2）凝聚人心重树形象，着力构建企业软实力。

（3）强化机制建设队伍，着力激发工作新动力。

（二）对内宣传改善

（1）修订《公司宣传工作管理办法》，发布《公司“蓝海可电”微信公众号管理办法》，科学设置评比规则。

（2）召开宣传思想工作会议，开展年度宣传工作，表彰先进集体和先进个人。

（3）运用好新媒体宣传阵地，在公司网页设置“可电精益管理宣传网”，设置微信公众号进行宣传，创办“蓝海潮报”“可电视界”等新媒体，建立“可电新闻演播室”。

（4）定期举办新闻宣传业务培训班，提高通信员业务能力。

（5）大力推进宣传队伍建设，组建一批有激情、有活力的可电新闻主持人、小记者团队，组建“蓝海可电”微信编辑团队。

（三）对外宣传改善

（1）紧盯重点媒体，如福建公司网站和华电集团网站。

（2）修订《公司宣传工作管理办法》，鼓励员工多投高质量稿件，提高外网上稿率。

（3）加强对宣传内容、题材的选择，如挖掘社会公益、保障电力等责任担当方面的题材，节能环保、安全生产等中心工作方面的题材，塑造公司良好形象。

（4）大力推进宣传队伍建设，组建对外宣传写作精英团队。

（5）全面加强宣传联络机制，畅通约稿联络渠道，及时报道公司工作动态、创新举措、管理经验、好人好事。

（四）宣传稿费改善

印发《公司新闻宣传稿酬奖励标准》。

（五）改善成果

1．改善成果之内稿量

截至2017年5月，较2016年同期各部门对内投稿量均有上升（图3－195）。

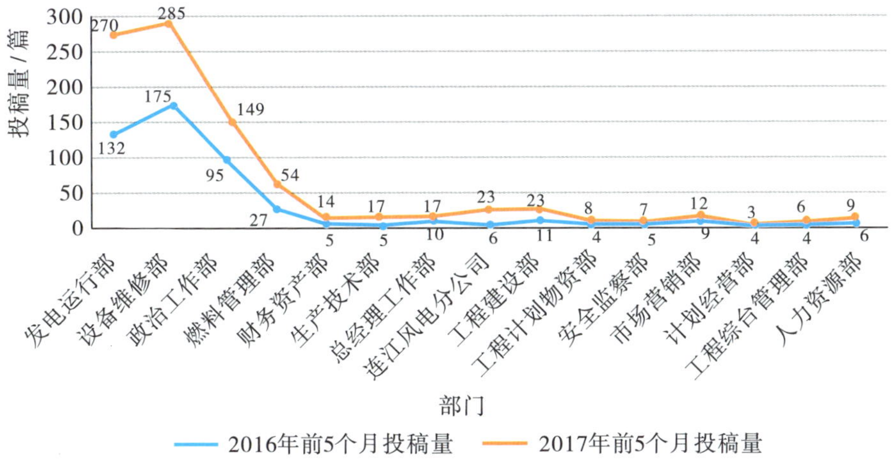

图3－195　2017年1—5月各部门内投稿量与2016年同期对比

2．改善成果之外稿量

截至2017年5月，较2016年同期，对外投稿量有明显上升。

四、标准化

（1）新闻宣传媒体标准化；

（2）新闻宣传内容标准化；

（3）新闻审核发布标准化；

（4）新闻稿件任务量标准化；

（5）宣传工作考核奖惩标准化。

（本案例由可门发电公司提供）

【案例3-29】 精益管理提升党支部工作规范化水平

一、背景

党支部是党的组织的最小单位，也是党全部工作和战斗力的基础，更是团结和凝聚党员群众为企业改革发展出智、出力的核心单元。党的十九大明确提出，要突出政治建设为统领，使党支部回归政治功能，提升组织力，需不断夯实基础工作。同时，需要进一步深化“支部建设提升年”，创建华电集团、福建公司示范党支部。因此，提升党支部工作规范化水平是使党支部回归政治功能、提升战斗力、创建示范党支部的需要。

二、诊断

（一）问题

结合日常工作检查、年度党建工作考评情况，永安发电公司诊断出党支部工作存在以下四个方面的问题。

1. 党支部战斗力不足

各党支部战斗力参差不齐，主要扣分点集中在基础工作上。

2. 党员先锋模范作用发挥不足

党支部教育党员、管理党员、监督党员力度不足，党员先锋模范作用发挥不够。

3. 推动中心工作不足

党支部围绕中心工作发挥作用不足，如中心工作结合点找得不准、不深入。

4. 党支部示范效应不足

未创建华电集团示范党支部。

（二）改善方向和目标

针对分析出的问题，提出的改善方向和目标是规范党支部工作、提升战斗力、创建示范党支部。

三、原因分析及要因判断

针对以上问题，通过深入剖析，认为存在以下四个方面的原因。

1. 工作标准不统一

因标准不完善、党支部理解不到位等原因，各党支部在“三会一课”、主题党日、发展党员等各项工作中的标准不统一，存在标准参差不齐的现象。

2. 执行力度不统一

因闭环管理不到位、监督力度不够等原因，各党支部对党委部署和党建工作部安排的工作执行力度强弱有别。

3. 实践效果不统一

因党建与中心工作结合点找得不准、党建与中心工作存在“两张皮”现象等原因，各支部党建工作效果及服务中心工作的成效有好有差。

4. 检查标准不统一

因检查标准不明确、党支部理解有差异等原因，在执行党支部战斗力考评等检查时各党支部互查和党建工作部抽查的标准不一致，存在宽紧有别。

四、改善

1. 统一工作标准

修订党支部战斗力考评细则，制定党支部书记工作清单、支委工作清单，制定党员发展规范流程、党支部换届规范流程、主题党日活动开展指导书，健全党支部台账，加强培训教育。

2. 统一执行力度

强化月报表、月汇报管理，加强时间管理，强化监督考核，加强党支部建设，配优、配强支部班子。

3. 统一实践效果

优化活动类别，丰富活动形式，服务中心工作，开展主题党日评比、选树典型，开展党支部联建、对党支部建档立册，强化示范党支部创建。

4. 统一检查标准

制定检查规范书，采取轮换制互查，加强统一指导。

五、标准化

修订“党支部战斗力考评细则”，制定“党支部书记工作清单”“支委工作清单”“党员发展规范流程”“党支部换届规范流程”“主题党日活动开展指导书”等。

（本案例由永安发电公司提供）

【案例3-30】 打造具有时代特征和永电特色的宣传工作体系

一、背景

为适应经济基础、体制环境、社会条件和传播方式深刻变化的新形势，越来越多的企业开始以品牌传播引领对外宣传工作。如何在新时代打造具有时代特征和企业特色的宣传工作体系，是企业现在需要思考的问题。

本课题寻找永安发电公司开展对外宣传的最佳方式以及应该具备的转变条件，探讨企业加强对外宣传的方法和途径，紧紧围绕公司发展战略，坚持以团结稳定鼓劲、正面宣传为主，牢牢把握正确的舆论导向，精心组织各级宣传员，积极采写各类新闻稿件，全面展示永安发电公司转型发展、和谐稳定、团结进步、安居乐业的新面貌、新气象，对内凝聚力量，对外树立形象。

二、诊断

（1）对外宣传：根据福建公司下发的“2018年1—12月福建公司宣传工作过程性评价表”中的数据进行诊断。

诊断1：2018年1—12月，永安发电公司在福建公司宣传网子栏目上稿率较主栏目低。

诊断2：2018年1—12月，永安发电公司在福建公司宣传网子栏目中

“青年园地”栏目上稿率最低。

（2）对内宣传：根据福建公司下发的“2018 年 1—12 月福建公司 OA 宣传工作过程性评价表”中的数据进行诊断。

诊断：2018 年 1—12 月，永安发电公司门户网“青年园地”栏目上稿率低于其他栏目。

（3）总结：以打造具有时代特征和永安发电公司特色的宣传工作体系为改善思路，以年度宣传排名保持福建公司前三为改善目标，加强宣传队伍建设，尤其是青年宣传队伍建设。

三、分析

（一）5W

What：宣传队伍不稳定，管理方式不到位，稿件质量控制存在问题。

Why：人员变动频繁，青年宣传人才培训不足，宣传制度执行存在偏差，融媒体打造等方面不足，求精积极性不足，没有及时提醒投稿，对网站新闻稿件的研究和分析不够，标题不新颖，内容套路化。

Where：福建公司门户网、福建公司 OA 新闻资讯栏目。

When：2018 年 1—12 月。

Who：公司各级宣传员，没有成立专门的宣传团队。

（二）2H

How：未统计上稿率分布情况，对稿件研究分析不够，稿件可读性不强，与月度宣传工作重点融合不足，内部提供的素材需要再加工。

How much：每月统计上稿率未形成反馈机制，未完成及时反馈，落实考核力度不够，每月未安排年度、月度工作重点稿件。

四、改善

1. 筑牢前沿阵地，突出“深度”

打造“一微一网一报一栏一平台”（“微”即微博、“网”即 OA 新闻资讯栏目、“报”即《火花报》、“栏”即企业宣传栏、“平台”即“Y 绿竹永电 D”微信公众号平台），提高新闻宣传的传播及时性、阅读便利性和宣传影响力，让新闻宣传面向生产现场、面向一线员工、面向重点工作，让宣传工作更加鲜活、更接地气、更具亲和力。

新媒体在人们生活中的日益渗透与网民的自发参与，推动社会舆论不断向前发展。企业开展对外宣传工作不能对新媒体带来的挑战心生惧怕，要将对外宣传与新媒体快速、互动、传播面广的优势有机结合；要顺应信息获取碎片化、个性化的趋势，充分利用微信、微博等互联网平台，在资讯播报中实现品牌宣传和引导。

2. 提炼重磅题材，突出“高度”

主要做法有：

（1）分析阶段宣传要点；

（2）每月对标福建公司宣传排名前六名；

（3）实行月度约稿制；

（4）每周排主栏目投稿计划。

仔细研读华电集团文件中有关近期重点工作的部署，分析时下热点，请教栏目编辑，了解实时动向与发稿重点。召开新闻宣传研讨会议，改变文风，下达各部门投稿、上稿任务数，促进稿件质量提升。

3. 拓展沿线资源，突出“契合度”

华电新闻栏目稿件统一出口，经宣传专责、党办主任、党委书记把关、修改后投稿，确立专人跟踪制度，党委书记联络华电集团新闻中心主任、宣传专责联络主要编辑，保障稿件质量。

4. 强化对内宣传品质，突出“广度”

积极请教、倾听新闻中心的编辑对稿件写作、投送的讲座、解释，主动虚心请教未选用稿件的不足之处，更新新闻中心成员，让能写、会写、想写的同志积极参与。

从“甩手掌柜”向“自己挖掘”转变。从新闻专业角度来说，媒体记者具有更好的专业技能，但他们对行业、企业的了解不如企业“自己人”。特别是在当前有偿新闻泛滥、媒体人员流动频繁的背景下，完全让媒体来采写新闻稿件不一定能表达企业的初衷，更难展现企业主题宣传的内容。记者即使采写也有可能是三言两语，使宣传的效果大打折扣。因此，公司着力增强宣传能力。一是为宣传员提供优质、丰富的新闻宣传通稿，供他们有针对性地修改和发布。二是做到“三挖掘”，首先要挖掘新闻大背景，从国家、社会大背景下发掘新闻素材，深化新闻主题，使稿件内容与时代大局的主题相扣。三是要挖掘细节性亮点，注重素材积累，以小见大，将企业事件拔高、放大到行业高度。四是要挖掘新闻语言风格，企业工作成就如何展示给世人看，如何把抽象的东西变成读者看得见、摸得着、感觉得到的东西，变得更有生气、更具体、更形象，这些方面都需要下一番功夫。

5. 扩大品牌影响力，突出“辨识度”

开展新闻写作培训，永安发电公司组织开展了两次新闻稿件写作青年夜校，在研讨会上分享经验，在微信公众号设“永电火花”专栏，专门用于发布《火花报》微信版，专题宣传“一周新闻，一分钟速看”。

6. 实现从“工作总结”向“品牌传播”转变

如今，媒体的发展观念、体制机制、运行模式、传播形态、服务产品等都在发生全方位变化，这对企业宣传的内容、形式和载体都提出了新要求。企业宣传须由传统的对工作信息、工作成绩、工作经验的宣传，逐步转变为对企业品牌的传播；由工作报告式的灌输转变为对故事、细节的追求。更加重视社会对企业的观感，更多地从公众的角度解读企业中心工作和企业形象，在传播策略、传播内容和传播手段上不断创新，形成社会公众易于接受的传播方式。

五、标准化

修订新闻宣传管理制度，成立新闻中心编辑团队。

（本案例由永安发电公司提供）

后　记

本书由中国华电集团有限公司福建分公司组织编写，旨在普及精益管理知识、精益管理工具，总结发电企业推行精益管理的实施步骤、方法、理念和取得的经验。因编写时间有限，仅收录了安全管理、检修管理、发电运行、物料物资、市场营销、人才培养、财务管理、党的建设等实践案例。虽然不能全方位地反映发电企业全部工作的精益管理内容，但是基本涵盖了发电企业的生产成本、市场营销、人才培养、党的建设等管理要素，可在一定时期内指导发电企业通过实施精益管理打造成本领先优势，达到提质增效、持续增强企业相对竞争力的目标。

随着精益管理的深入推进，其成效是显著的，简述如下：

一、精益管理夯实安全管理基础

贯彻“安全第一、预防为主、综合治理”的方针，落实安全生产责任制，形成公司“鼎”安全文化，即以“员工优秀、设备健康、环境和谐、管理精细”为四足，共筑长治久安的安全管理目标。“鼎”安全文化对普及公司安全精益管理理念、转变员工观念、提升安全水平起到了积极作用。

二、精益管理提升运行管理水平

充分发挥福建公司火电监视中心、风电集控中心、水电集控中心和水电（新能源）远程诊断平台的作用，以精益“对标”为抓手，加强对水电、火电、风电、光伏发电生产运行的管理，科学调度、经济运行，做好设备异常及重大缺陷分析、设备可靠性分析、经济指标分析，并提出生产指导建议，推进“做实”“强基”工作。

三、精益管理提高设备可靠程度

强化技术管理、设备管理，落实“零非停”理念及措施：强化设备维护工作（定期试验及给油脂，迎峰度夏、极端天气、重大节日等专项维护工作，确保设备可靠运行）；加大设备缺陷监管（应用缺陷管理系统，火电监视中心、风电集控中心、水电集控中心等三大中心，掌控主辅机等重要设备的运行状态，对设备维护、检修技改、施工管理等进行全面跟踪）；推进设备隐患治理（完善锅炉“四管”防磨防爆技术措施，电气防止发电机漏水、漏氢10项措施，热工设备可靠性治理，水机保护隐患排查，风电35kV电压等级集电线路可靠性专项整治，特种设备专项检查等工作）等。

四、精益管理提升燃料管理水平

结合公司劳动竞赛，推进火电提质增效劳动竞赛，加强实施节能管理等举措。推进精益燃料管理（公司3个煤电单位供电煤耗指标均处于较好水平，煤耗在集团同类型机组中排名靠前；永安发电公司掺烧工业固废取得良好的效益）；拓宽燃料采购渠道，顺利开通神华煤准班轮，有效降低滞期费用，打通山西煤铁路直达邵武运输通道、保证燃煤供应；强化厂内燃料管理，推进入厂煤标准化实验室常态化运转，实施码头输卸煤系统完善建设，提升储备能力；实施完善漳平能源公司入厂汽车煤采制无人值守等项目。

五、精益管理增加服务市场收益

加强对辅助服务市场规则的研究，根据公司电源机组特点实行分类管理以争取效益。通过提高发电计划预测精度，做好辅助服务市场交易，挖掘提升火电机组调峰调频潜力、市场效益。火电企业通过优化电量管理结构，做到早发、多发，低谷参与深度调峰时严格按负荷曲线进行调峰，实现电量管理标准化；水电企业坚持“科学调度、经济运行”原则，劳动竞赛效益显著，雨季龙头水库拦蓄洪尾增发电量、流域小流量补偿增发电量；风电企业提升风电功率系统准确性，合理安排小风天设备定检等工作，提升效益水平。

六、精益管理增强人才竞争活力

落实公司“三比三促”职工比武要求，全力备战各类技能大赛，培育了一批优秀技能人才，提升人才竞争力、提高企业生产管理水平。在华电集团36届“燃煤采制化”、37届“水电新能源技术监督”、38届“火电继电保护”、39届“风电运维管理”、“2020年全国行业职业技能竞赛第十二届全国电力行业职业技能竞赛（发电企业继电保护员）”、火电精密点检联赛等生产技能比武中，公司员工屡获佳绩。

七、精益管理推动文化体系形成

各单位坚持目标引领、问题导向，充分发挥主动性、创造性，主动解决问题，精益管理从“要我管”到“我要管”，再到“我会管”，激发自主改善、自我管理提升的潜能。把精益思想全面融入生产经营活动的全过程，在火电企业不断深化、水电及新能源企业全面展开、风电企业试点跟进，从管理实践中不断归纳、总结出各具特色的精益管理模式。同时，公司全面践行“精益高效、开拓共赢”的经营理念，用精益理念抓管理，把价值思维贯穿于生产经营全过程，由管理粗放型向精益高效型转变。以质量和效益为导向，加强公司采购、资金、电量的集中协调和管理，实现高质量发展，成为公司“福”文化之“价值福”的一个重要组成部分。

当然，精益管理在推进过程中也存在一些不足：

一是精益管理推进过程中存在不平衡的现象。公司火电、水电、风电（光伏）、职能部门、基建工程等存在精益管理工作推进不平衡的现象，有些企业精益管理推进起步较晚，有些企业精益管理环节开展较迟。

二是精益管理长效保持、持续推进有待提升。精益管理是一项系统工程，短时间内在单个领域推行改善并不难，难的是长期坚持和持续改善，只有持之以恒、持续发力、久久为功，才能实现成本持续下降、效益持续提升。

针对上述不足，提出以下改进方法：

一是分步实施、全面推进。从火电先行、水电试点到火电深化提升、水电及新能源全面推广、风电试点开展，形成各基层单位你追我赶、携手共进的局面，从而实现火电树标杆、水电再提升、风电创品牌的目标。

二是持续改善、精益求精。精益管理是对标先进，要坚持目标引领、问题导向，从日常实际工作出发，找问题、定目标、补不足，持续改善，促进安全生产上台阶、经营降本显成效。

三是文化引领、培养人才。要把精益管理巩固提升作为安全生产工作的重要抓手和管理工具，要结合星级发电企业、本质安全星级发电企业创建，全面提升生产管理水平，形成精益管理文化，用文化引领精益人才的培养，推进精益管理人才团队建设。

精益管理是以最小的资源投入创造最大的价值。将精益思想应用到发电企业管理各层面，以最小的人力投入、资金投入、生产设施投入、时间投入，围绕企业经营全流程进行持续改善，消除各环节中存在的不必要浪费，利用有限的资源创造更大的价值、获取更高的收益，力求尽善尽美、精益求精，为实现公司的战略目标，实现企业的转型升级、可持续发展注入新的活力和动力。

精益求精，永续追求，没有最好，只有更好。